KB272026

정답 없는
인권 이야기

Frei und gleich: Die Menschenrechte
Written by Angelika Nußberger
Illustrated by Rotraut Susanne Berner
© Verlag C.H.Beck oHG, München 2024
Korean translation Copyright © 2026 Rollercoaster Press
Arranged through Icarias Agency, Seoul

10대를 위한 정답 없는 인권 이야기

스파게티 괴물부터 기후 소송까지, 유럽인권재판소 33가지 사건

초판 1쇄 발행   2026년 4월 30일

지은이 **앙겔리카 누스베르거** | 그린이 **로트라우트 주자네 베르너**
펴낸이 **임경훈** | 옮긴이 **유영미** | 편집 **이현미**
펴낸곳 **롤러코스터** | 출판등록 2018년 8월 31일(제2025-000081호)
주소 경기도 고양시 덕양구 청초로 19 아이에스비즈타워 2차 B동 704호
전화 070-7768-6066 | 팩스 02-6499-6067 | 이메일 book@rcoaster.com
제작 357제작소

ISBN 979-11-91311-79-2 43330

정답 없는 인권 이야기

스파게티 괴물부터 기후 소송까지
유럽인권재판소 33가지 사건

앙겔리카 누스베르거 지음
로트라우트 주자네 베르너 그림
유영미 옮김

펠리시타스와 페르디난트를 위하여

_앙겔리카 누스베르거

서문

Menschenrechte

인권의 중요성이 절실한 시대

모든 사람은 인간으로서 권리를 누리고 싶어 해요. 인간이라면 누구나 당당히 누려야 하는 권리를 '인권'이라고 합니다. 하지만 인권의 의미를 정확히 아는 사람은 드물어요. 인권은 어엿한 하나의 학문이라고 할 수 있어요. 사람들이 인권에 대해 공부하고 연구하니까요.

하지만 학자들만 인권에 관심을 갖는 것은 아니랍니다. 인권은 모든 사람의 것이에요. 아이든 청년이든 노인이든, 누구나 인권에 대해 생각해볼 수 있죠. 인간의 존엄이라는 것이 무엇인지, 성경이나 코란을 불에 태워도 되는지, 누구나 자기 의견을 자유롭게 말해도 되는지, 이슬람 여성들이 얼굴까지 포함해 온몸을 완전히 가리는 부르카를 착용하는 것이 전철에 무임승차하는 것만큼이나 나쁜 일인지, 대리모가 낳은 아이는 누구의 아이인지

등에 대해서 말이에요. 인권은 이론적이고 추상적인 것이 아니라, 일상에 속한답니다.

무명용사를 기리는 전쟁 기념비 위에서 타오르는 불꽃에 프라이팬을 얹고 스크램블드에그를 만든 젊은 예술가들을 감옥에 가둬도 될까요? 날아다니는 스파게티 괴물교를 믿는 사람은 이슬람교를 믿는 사람과 똑같은 권리를 가질까요? 무슬림 여성이 히잡을 쓰는 것이 허용된다면, 스파게티 괴물교를 믿는 여성이 머리에 국수 체를 얹고 여권 사진을 찍어도 될까요? 남자 같은 용모에 남자 같은 목소리를 가진 여자 운동선수를 여자들끼리 하는 경기에 끼워주어도 될까요?

인권은 현대 사회의 구심점이라고 할 수 있어요. 자칫 갈라지기 쉬운 의견들을 모아주는 역할을 하지요. 정치권에서는 인권을 둘러싸고 많은 논쟁이 벌어져요. 어려운 문제에서 결국 답을 줘야 하는 것은 법원이죠. 전국 각지에 있는 있는 지방법원에서부터 대법원이나 헌법재판소, 스트라스부르의 유럽인권재판소까지 크고 작은 법원들이 판결을 내립니다.

하지만 최종적인 판결을 내려도, 무엇이 옳고 무엇이 그른지에 대한 논란은 그치지 않아요. 고민과 생각은 계속되지요. 그래도 인권을 침해하면 안 된다는 데는 모두가 의견을 같이합니다.

인권은 방향을 알려주는 나침반과 같아요. 하지만 자침이 흔들거리는 나침반이라 할 수 있어요. 늘 새롭게 조정되어야 하니까요.

이 책에서는 재판관끼리도 의견이 나뉘는 사례들을 소개하려고 해요. 시대가 달라지다 보니 예전에 내린 결정이 번복되기도 하죠. 인권이 무엇을 말하는지, 법원이 개별 사안에서 인권을 어떻게 해석하는지뿐만 아니라, 각 개인이 무엇을 옳다고 여기는지도 중요하기 때문이에요.

이 책에 등장하는 대부분의 이야기는 세계에서 가장 비중 있는 인권재판소인 유럽인권재판소에서 다루었던 실제 사건입니다. 법원 기록에 적혀 있는 사례들이죠. 이 이야기들은 각 사안에 대해 적절한 결정을 내리는 일이 얼마나 어려운지 보여줍니다. 평등, 기후 변화, 탈출과 망명, 전쟁과 평화, 테러와 화해, 관용과 연대, 불확실한 미래 속에서 살아가는 삶 등 우리 시대의 커다란 질문들에 관한 것이기 때문이에요.

이 책에서는 법학자와 일러스트레이터가 뭉쳐 정의와 불의에 관해 이야기하려고 해요. 자유와 평등에 관한 질문들을 글과 그림으로 이야기할 겁니다. 이 책을 가볍게 읽어도 좋지만, 깊이 들어가 꼼꼼히 읽으며 표현의 자유와 종교의 자유, 법 앞의 평등에 대해 곰곰이 생각해봐도 좋을 거예요. 우선 책장을 넘기며 그림들만 유심히 봐도 좋고요.

인권의 역사를 다룬 마지막 장을 읽다 보면, 인권이 얼마나 비약적으로 발전했는지 놀랄 거예요. 처음에 아주 작고 산발적인 발전들이 이루어지고 나서 몇백 년간 별로 진전이 없다가, 그 뒤 몇십 년에 걸쳐 전 세계적으로 숨 가쁜 활동이 이어졌어요. 〈세계인권선언〉과 〈유럽인권협약〉 등 인권에 관한 선언과 조약들이 나왔고, 유럽과 라틴아메리카, 아프리카 등 세 곳에 인권재판소가 설립되었죠. 하지만 현재는 이런 활동들이 약간 주춤한 상태예요. 다시 전쟁이 벌어지고, 인권의 중요성이 예전만큼 주목받지 못하는 느낌입니다.

우리는 이런 우려스러운 상황을 그냥 받아들이지 않으려 해요. 인권은 여전히 인류가 이룩한 빛나는 업적 중 하나이기 때문이죠. 그래서 우리는 인권에 관심 있는 사람들이 반갑고 감사하답니다. 이제 이야기로 들어가볼까요.

앙겔리카 누스베르거,
로트라우트 주자네 베르너

차례

서문　인권의 중요성이 절실한 시대 · 7

1. 인간의 존엄성

'난쟁이 멀리 던지기' 놀이 —— 17
체벌에 대하여 —— 20
개미와 바퀴벌레 —— 23
인생에도 조커 카드가 있다 —— 28

2. 생명에 관한 권리

하늘에서 불이 떨어지다 —— 35
살아 있으나 죽은 사람 —— 38
희망을 찾아 철조망을 넘는 사람들 —— 41
큰 사람과 작은 사람 —— 46

3. 종교의 자유

얼굴을 가린 여성들 —— 53
누가 스파게티 괴물을 믿을까? —— 57
거룩한 책들 —— 61

4. 표현의 자유

전쟁 기념비 위에서 스크램블드에그를 만들다 —— 67
광란의 가수들 —— 71
진실을 알 권리 —— 74
용기 있는 배신 —— 77

5. 차별 금지

피부색이 어두운 사람과 밝은 사람 —— 83
너무 빨리 달리는 여자 육상 선수 —— 86

6. 가정과 사생활 보호 잘못된 아이 ——— 91
인권 보호의 한계 ——— 96
어느 공주의 고민 ——— 101

7. 교육받을 권리 탈레스의 정리 ——— 107
사랑에 관한 교육 ——— 111

8. 환경 보호 악취와 소음 ——— 119
나쁜 날씨와 불가항력 ——— 123

9. 인권 철학 나의 권리와 타인의 권리 ——— 129
테러리스트에게도 정의가 필요하다? ——— 133
권리와 의무 ——— 138

10. 인권의 역사 자유롭고 평등하게? ——— 143
빵 없는 자유는 원하지 않아 ——— 148
각 대륙의 인권 ——— 151
몇 세기에 걸친 인권 기록 ——— 157
여성들이 걸어온 멀고 험한 길 ——— 162
"허황된 주장이야" ——— 167

부록 세계인권선언 · 172
인물 소개 · 181
이 책에서 살펴본 사례 목록 · 186

인간의

1

존엄성

모든 인간은 자유롭고 평등합니다.
똑같이 존엄하고 똑같은 권리를 지닌 존재로 태어나죠.
하지만 가만히 보면 인생에도 조커 카드 같은 것이 있어요.
굶주림에서 벗어나려고 생사를 걸고
보잘것없는 배에 올라 지중해를 건너는 사람들도 있어요.

'난쟁이 멀리 던지기' 놀이

모든 인권의 근본 원칙은 모든 사람이 존엄성에 있어 평등하다는 것입니다. 인간의 존엄성은 침해될 수 없고, 국가는 인간의 존엄성을 보호해야 합니다.

그런데 인간의 존엄성이란 무엇일까요?

사람은 제각기 다릅니다. 그런데 아주 작은 체구를 타고난 사람들도 있어요. 어른이 되어도 서너 살짜리 꼬마와 체구가 비슷하지요. 이런 저신장인들은 살아가기가 쉽지 않습니다. 체구가 너무 작아서 아무 일이나 할 수 없기 때문이에요. 기차 승무원도, 조종사도, 우주비행사도 될 수 없습니다.

무슨 일을 해서 먹고살지 고민하던 저신장인들은 어느 날 '난쟁이 멀리 던지기'라는 놀이를 고안했어요. 다른 사람들이 자신들을 공처럼 던지게 하고, 그 대가로 돈을 받기로 한 것입니다. 물

론 저신장인들은 다치지 않게 보호복을 입었어요. 손님들이 와서
그들을 푹신한 매트 위로 던졌지요. 저신장인들은 이것을 스포츠
처럼 생각했어요. 많은 손님이 멀리 던지기 놀이에 참여했습니
다. 그런데 어느 날 관청에서 이 놀이를 금지했어요. 사람을 공처
럼 던지는 행위는 인간의 존엄성에 위배되는 행위라서 용인할 수
없다는 이유였죠.

저신장인들은 이 놀이로 돈을 벌고 싶어 하는데, 관청에서 못
하게 해도 괜찮을까요? 자기 일을 자신이 결정하는 것도 인간의
존엄성에 속하지 않을까요? 자신을 '정상'이라고 여기는 사람들

눈에는 황당한 일처럼 보일지 모르지만요.

인간은 '주체'로 남아야 합니다. 객체, 즉 어떤 목적을 위한 대상이 되어서는 안 되죠. 이것이 바로 인간의 존엄성에 대한 공식과 같은 문장이에요. 철학자 이마누엘 칸트가 맨처음 그런 말을 했지요. 이런 공식은 인간의 존엄성이 무엇인지 이해하는 데 길잡이가 되어줘요.

멀리 던지기 놀이에서는 저신장인들이 객체가 되었습니다. 하지만 돈을 벌려고 자원한 거였죠. 그렇다면 자신들은 존엄성이 침해되었다고 생각하지 않는데, 그들의 존엄성이 침해되었다며 문제 삼을 수 있을까요?

인간의 존엄성은 침해받으면 안 됩니다. 그러나 그 의미를 정의하는 것이 항상 쉬운 일은 아닙니다. 오스트레일리아나 캐나다 등에서는 '난쟁이 멀리 던지기' 놀이가 아직 허용되고 있어요. 심지어 세계선수권대회도 있습니다. 👑

체벌에
대하여

와이트섬은 영국 최남단에 있어요. 유럽의 심장부인 셈이죠. 1972년, 그곳에서 모두가 '모범생'이라고 생각했던 앤서니 타이러와 두 친구가 같은 반 아이를 밀쳐 다치게 했어요. 이유가 없지는 않았어요. 그 아이가 앤서니 타이러와 다른 두 친구가 맥주를 마셨다고 선생님께 고자질했기 때문이죠.

동급생을 밀친 행동은 법적으로 처벌받도록 정해져 있었어요. 회초리를 세 대 맞아야 하는 벌이었죠. 처벌은 경찰서에서 집행되었는데, 마치 무슨 의식을 치르는 것 같았어요. 앤서니는 아버지와 의사가 지켜보는 가운데 바지와 속옷을 벗은 채 테이블 위에 엎드렸고, 경찰관 두 명이 앤서니를 꽉 붙잡고 세 번째 경찰관이 매질을 했어요. 한 대를 때리자마자 회초리가 부러져 두 동강이 났고, 앤서니의 아버지는 경찰관들을 저지하려 했어요. 하지만 아버지는 경찰관들에게 제지당했어요. 매질을 당하고 열흘쯤 지나자, 앤서니의 상처는 모두 아물고, 빨갛게 부풀었던 피부도 예전으로 돌아왔어요.

이 모든 내용이 유럽인권재판소의 기록에 남아 있어요. 앤서니가 이런 처벌이 부당하다며 이의를 제기했기 때문이죠. 앤서니는 먼저 유럽인권위원회를 찾아간 뒤 유럽인권재판소에 제소했어요. 그리고 마침내 승소했지요. 인권재판소는 교육이라는 명목 하에 여러 세대에 걸쳐 아이들을 체벌해왔다는 사실을 인정했어요. 인권에 관한 기본 문서인 〈유럽인권협약〉이 제정된 1950년 대에는 훈육 목적의 체벌과 매질이 '비인간적인 대우'라고 생각하는 사람이 아무도 없었죠. 하지만 유럽인권재판소는 이제 시대가 변했으며, 체벌 없는 교육이 이상일 뿐 아니라 의무가 되었다고 보았습니다.

그리고 20~30년이 흐른 뒤, 법원은 이제 가벼운 따귀 한 대도 비인간적인 행동이며 인권 침해라고 판결했습니다. 한 소년이 파출소에서 책상 위에 발을 올려놓는 등 경찰관에게 버릇없는 행동을 하자, 경찰관이 화가 나서 그 소년의 뺨을 한 대 때렸거든요.

꽤 진보한 판결이지요. 하지만 이런 판결로, 인간은 비인간적인 대우를 받지 않을 권리가 있다는 기본 인권 중 하나가 지나치

게 광범위해지고 의미가 희석되기도 합니다. 〈세계인권선언〉에는 "어느 누구도 고문, 또는 잔혹하거나 비인도적이거나 굴욕적인 처우 또는 형벌을 받지 아니한다"라는 조항이 있습니다. 이것은 보편타당한 원칙이지요. 하지만 괴롭힘에는 여러 형태가 있고, 사람마다 느끼는 민감도도 많이 다릅니다. 폭력의 수위도 다양하고요. 나아가 폭력을 쓰지 않고도 사람을 몹시 괴롭힐 수 있지요.

개미와
바퀴벌레

발레리 칼라시니코프라는 이름을 들으면 총이 떠올라요. 칼라시니코프라는 이름의 총이 있기 때문이죠. 하지만 그는 총과 전혀 상관없는 사람이었답니다.

발레리는 대형 은행 직원이었는데, 계산을 정확하게 하지 않았어요. 때로는 은행에 입금되어야 할 돈보다 더 많은 돈을 청구해 자신이 차익을 챙기곤 했지요. 그리고 때로는 은행에 제출된 수표를 위조해서 자신이 일부를 가로채곤 했어요. 그가 일 처리를 똑바로 하지 않는다는 것을 눈치챈 사법부는 그의 비리를 조사했고, 결국 그에게 징역 4년형을 선고했습니다.

이 모든 일은 모스크바에서 북동쪽으로 5924킬로미터 떨어진, 시베리아의 작은 도시 마가단에서 일어났어요. 그곳은 평범하게 사는 것조차 쉽지 않은 지역인데, 하물며 감옥 생활은 참으로 열악했죠.

발레리 칼라시니코프는 4년간 교도소에서 지옥 같은 생활을 견뎠어요. 17제곱미터 넓이의 감방에는 이층 침대가 여덟 개 있었는데, 스물네 명이 함께 썼어요. 둘이나 셋이 같이 자는 것이 싫으면 맨바닥에 누워 자거나, 침대가 비는 것을 기다렸다가 대낮에 잠을 자야 했지요. 텔레비전이 24시간 내내 돌아가고, 불도 늘 켜진 상태로 지내야 했어요. 밤낮 구분이 전혀 되지 않았죠. 게다가 음식을 먹는 자리에서 겨우 한 발짝 떨어진 거리에 화장실이 있었고, 화장실에는 커튼이나 가림막도 없어 볼일 보는 모습이 훤히 들여다보였답니다.

감방은 환기도 전혀 되지 않았고, 너무 덥거나 너무 추웠어요. 수감자들이 담배를 몰래 들여와 연신 피워대는 바람에 늘 담배 연기가 자욱했고요. 벽과 바닥에는 개미떼가 출몰했고, 중간중간 바퀴벌레가 나타나 개미떼를 가로질렀죠. 굶지는 않았지만, 제공되는 음식의 질이 형편없어 소화가 잘되지 않았어요. 발레리 칼라시니코프는 피부에 곰팡이가 감염되어 손발톱이 다 빠지고 말았어요.

4년간 호되게 고생한 뒤 출소한 칼라시니코프는 변호사를 선임해 유럽인권재판소에 이의를 제기했어요. 칼라시니코프는 자

죄를 저질러

형벌을 받는 사람도

여전히

인도적인 대우를 받을 권리가 있습니다.

신의 서류 위에 큼지막하게 '고문'이라고 적었죠. 러시아인으로서 프랑스의 스트라스부르에 있는 유럽인권재판소에 제소한 사람은 그가 처음이었어요.

고문이나 그 밖의 비인도적인 처우는 금지될 뿐 아니라, 심각한 형태의 학대로 여겨지죠. 모든 사람이 세계 어느 곳에서도 그런 비인도적인 일이 벌어져서는 안 된다고 생각합니다. 하지만 법적 판결로 내려진 형을 집행하는 것도 인권 침해로 볼 수 있을까요?

그렇습니다. 유럽인권재판소 재판관들은 죄를 저질러 형벌을 받는 사람도 인도적인 대우를 받을 권리가 있다고 판단했습니다. 오직 자유를 박탈하는 것만 정당화될 뿐 수감자를 괴롭혀서는 안 되며, 사람을 가두더라도 생명 유지가 가능한 것을 넘어 품위 있고 인간적인 삶을 영위할 수 있게 해야 한다고 보았어요. 그리하여 인권재판소는 러시아 정부가 발레리 칼라시니코프에게 보상금을 지급하라고 판결을 내렸습니다. 보상금은 많지 않은 5000유로로 책정되었죠.

하지만 시베리아의 마가단 감옥만 바퀴벌레와 개미가 들끓고, 숨 쉬기 어려울 정도로 공기가 탁한 것은 아닙니다. 상황이 열악한 교도소는 세계 곳곳에 많지요. 그러나 국가는 불의를 처벌하고자 불의를 행해서는 안 됩니다.

발레리 칼라시니코프가 유럽인권재판소에서 승소하자, 수십만 명이 이의를 제기하며 인권재판소의 문을 두드렸어요. 신청 서류가 쌓여, 그들의 청원이 심사되기까지 몇 년 혹은 몇십 년이 걸릴 수도 있어요. 그나마 심사를 받으면 다행일 거예요. 👑

인생에도 조커 카드가 있다

모든 인간은 자유롭고 평등합니다. 똑같이 존엄하고 똑같은 권리를 지닌 존재로 태어나죠. 하지만 가만히 보면 인생에도 조커 카드 같은 것이 있어요. 굶주림에서 벗어나려고 생사를 걸고 보잘것없는 배에 올라 지중해를 건너는 사람들도 있어요. 그런가 하면 동네 빵집에 크루아상이 떨어질 일이 없고, 스무 살에 이미 예순 살이 넘으면 연금을 받아 안정된 삶을 누릴 것이 거의 확실시되는 사람들도 있지요. 두 집단 중 어디에 속하느냐는 각자의 능력이 아니라, 국적에 좌우됩니다.

더 나은 삶을 영위하기 위해 고국에서 탈출할 권리 같은 것은 인권으로 정해져 있지 않아요. 더 안락한 운명을 누릴 권리도, 원하는 곳에 거주할 권리도 인권으로 보장되지 않고요. 물론 대부분 살던 곳을 등지고 떠날 수는 있을 거예요. 문제는 어디로 가느냐 하는 거죠. 나중에 다시 돌아올 수 있을지도 불확실하고요. 어쨌든 자기 나라 국민을 세심하게 보살필 수 있는 국가의 국민이냐, 그럴 능력이 없는 국가의 국민이냐에 따라 삶이 많이 달라집니다.

두 명의 프랑스 여성을 소개하려고 해요. 나탈리 들라크루아와 마르틴 르브룅은 위험과 폭력이 가득한 세계에 매력을 느꼈어요. 이슬람 국가IS를 건설해야 한다는 거대한 사명에 눈이 멀다시피 했죠. 그래서 겨우 열여덟 나이에 무슬림 남편들을 따라 길을 나서, 그들이 성스러운 전쟁이라 믿었던 지하드에 가담했어요.

나탈리와 마르틴의 부모가 아는 것은 단 한 가지, 딸들이 시리아행 비행기표를 끊어 떠났다는 사실뿐이었어요. 그리고 그로부터 몇 년 지나지 않아, 무력과 테러를 수단으로 새로운 이슬람 국가를 세우겠다는 계획은 좌절되고 말았어요. 그사이 나탈리와 마르틴은 아이를 낳았고, 시리아 사막 어딘가에 있는 알홀 포로 수용소에 자녀들과 함께 갇혔죠. 남편들은 전사한 상태였고요. 비좁은 공간에 5만 명이 억류된 포로 수용소에서 나탈리와 마르틴은 삼엄한 감시를 받으며 생명을 이어갔어요. 수용된 사람 가운데 3분의 2는 아이였죠. 대부분은 전쟁 통에 부모를 잃은 고아였습니다.

나탈리와 마르틴은 수용소에서 50개국 출신 사람들과 함께 비참한 생활을 했어요. 아침에 시작된 고통은 밤새 그치지 않았고, 다음 날 아침이 되면 또다시 시작됐어요. 한 가닥 희망도 없이, 절망에 사로잡힌 채 또 하루를 살아남을 수 있을지 두렵기만 한 생활이었습니다. 아이들은 병이 들었지만, 의료적 도움을 받을 길이 막막했어요. 언젠가 프랑스의 고향집으로 돌아갈 수나 있을까요?

나탈리와 마르틴은 다른 사람들처럼 힘들게 생활했어요. 하지만 그들의 손에는 고향과 이어주는 것이 하나 있었어요. 바로 여권이었죠. 프랑스에는 태어난 손주들을 보지도 못한 채, 자나 깨나 딸을 걱정하는 부모님이 있었습니다. 나탈리와 마르틴의 부모님은 변호사를 선임해 법적 절차를 밟기 시작했어요. 변호사들은 탄원서를 제출하고 소송을 제기했죠. 하지만 프랑스 당국은 아무런 조치도 해줄 수 없다고 했어요. 나탈리와 마르틴이 자원해서 잘못된 믿음을 좇아 프랑스를 떠났고, 이 세상에 테러와 공포, 두려움을 퍼뜨리다가 스스로 곤경에 빠진 것이니 지옥에 그대로 남아 있으면 될 일이라는 것이었죠! 프랑스 정부는 아무 죄도 없이 머나먼 타국에 방치된, 프랑스 국적의 고아들만 조국으로 송환하려고 했어요.

하지만 유럽인권재판소는 이 일을 다르게 판단했습니다. 인권재판소는 프랑스가 무슬림 남편들을 따라 이슬람 국가 설립을 위한 전쟁에 가담한 여성들에게도 책임성을 보여주어야 한다고 지적했어요. 비슷한 사안을 일괄적으로 '안 된다'고 할 것이 아니라, 한 사람 한 사람 개별적으로 심사해야 한다는 것이었죠. 결국 나라가 국민을 위해 존재하지, 국민이 나라를 위해 존재하는 것이 아니라면서 말입니다. 그리하여 인권재판소는 프랑스 정부가 나탈리와 마르틴의 부모에게 변호사 비용 3만1000유로를 지급하고, 그들을 위해 최선의 조치를 하라고 판결했어요.

프랑스 정부는 보상금을 지급했고, 두 여성의 부모가 제기한

송환 요청은 프랑스 법원에서 새롭게 심리되었습니다. 그 뒤 부모들은 좋은 소식을 들을 수 있었어요. 프랑스 당국이 자국 국민인 두 여성을 돌봐야 한다는 결과가 나온 거예요.

하지만 프랑스 당국은 마르틴과 마르틴의 자녀들을 끝내 찾을 수 없었어요. 그들이 살아 있는지, 어느 수용소에 머무르고 있는지 알 수 없었던 거예요. 다행히 나탈리 들라크루아는 찾을 수 있었어요. 나탈리와 자녀들은 프랑스군 지프차를 타고 사막에서 탈출했습니다.

그러나 수용소에 억류된 다른 모든 어른과 아이는 그들이 시리아 출신이건, 이라크 출신이건, 이란 출신이건, 파키스탄 출신이건 간에 그냥 남을 수밖에 없었어요. 아무도 그들의 인권에 관심을 두지 않았죠. 아무도 그들의 이야기를 하지 않고, 아무도 그들의 이름을 부르지 않았어요.

유대인이라는 이유로 '제3제국' 시절 독일 국적을 박탈당했던 철학자 한나 아렌트는 국적을 가질 권리가 가장 중요하다고 말했어요. 국적이 있어야만 권리를 행사할 수 있기 때문이죠. 하지만 국적이라고 다 같은 것이 아니에요. 어떤 국적은 조커 카드와 다름없지만, 어떤 국적은 그렇지 않죠. 👑

생명에 관한

2

권리

아메드와 레자는 다시 울타리 앞에서 살아갈 수밖에
없었어요. 그들은 울타리 오르는 연습을 했어요.
다시금 열일곱 번쯤 시도하면 울타리를 넘을 수 있을지도
모르니까요. 그러면 정말로 증기선이 와서 망망대해를 건너
그들을 북쪽으로 데려갈까요?

하늘에서 불이 떨어지다

그로즈니는 캅카스 지역에 있는 체첸 공화국의 수도입니다. 당시에도 공식적으로는 러시아 연방에 속해 있었지만, 이 지역의 많은 사람들은 오랫동안 러시아로부터 독립하는 걸 꿈꿔왔어요. 참고로 도시 이름인 그로즈니는 러시아어로 '무시무시하다'라는 뜻입니다.

1999년 10월, 러시아군은 체첸 저항군에 맞서 싸웠어요. 공식적으로는 전쟁이라 불리지 않는 싸움이었죠. 10월 어느 날 러시아는 그로즈니에 대규모 공습을 가했습니다. 민간인들은 별도로 마련된 통로를 이용해 이웃 공화국인 인구셰티아로 안전하게 피난할 수 있다는 라디오 방송이 나왔어요. 그러자 하늘에서 떨어지는 불을 피해 도망가려는 여성들과 아이들이 탄 대규모 차량 행렬이 꼬리를 물기 시작했죠.

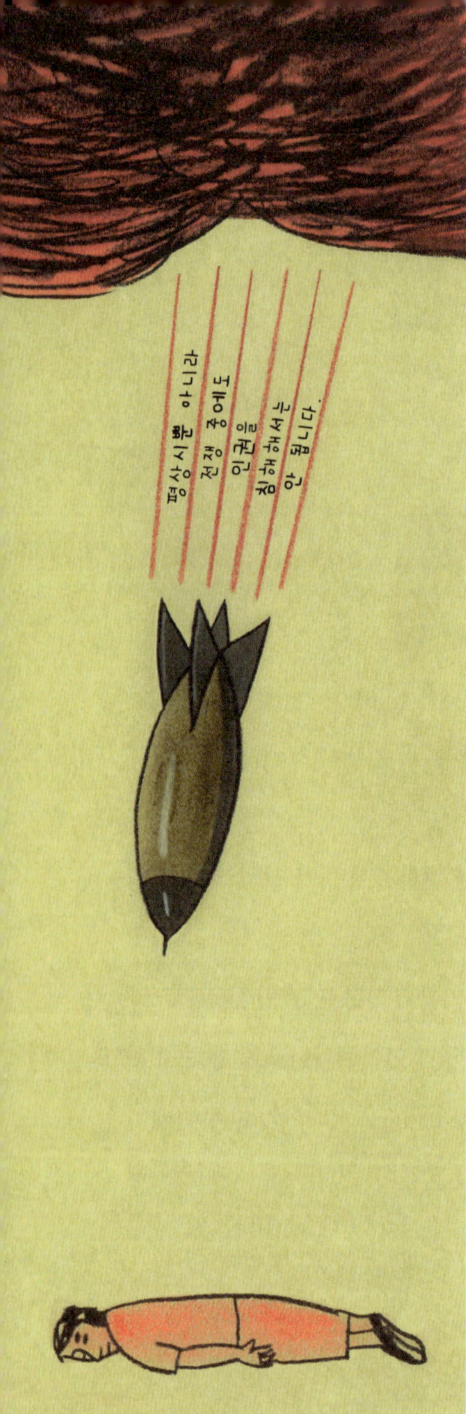

하지만 국경 지대에서는 러시아군이 체첸에서 인구세티아로 넘어가지 못하게 가로막고 있었어요. 몇 시간 기다렸으나 오늘은 더 이상 국경을 통과하지 못한다는 발표가 나오자, 사람들이 방향을 돌려 집으로 돌아가는 과정에서 커다란 혼란이 빚어졌습니다. 그 순간 러시아 비행기들이 날아와 차량 행렬 위로 폭탄을 투하했어요. 메드카 추추예브나 이사예바의 자녀들과 며느리는 그 자리에서 숨지고 말았습니다. 메드카도 심각한 부상을 당했고요.

"무기 사이에서 법은 침묵한다"라는 오래된 속담이

있습니다. 전쟁 중에는 이렇게 무법 상태가 되는 것이 당연할까요? 발포 명령이 내려진 상황에서 생명에 대한 권리는 어떻게 될까요? 하늘에서 폭탄이 떨어지는 상황에서 건강에 대한 권리는 어떻게 될까요? 가족이 뿔뿔이 흩어져 몇 달, 몇 년, 혹은 영영 만나지 못하는 상황에서 가정을 보호받을 권리는 어떻게 될까요?

다행히 메드카는 권리를 인정받았고, 고통에 대한 보상금도 받았습니다. 메드카의 변호인들은 그녀의 사건을 스트라스부르의 유럽인권재판소로 가져갔어요. 재판관들은 도망치는 사람들에게 비행기에서 폭격을 가한 것은 생명권에 대한 명백한 침해라고 판결했습니다. 평상시뿐 아니라 전쟁 중에도 인권을 침해해서는 안 된다고 말입니다. 보상금을 받았다고 죽은 사람이 살아나는 것도, 상처가 치유되는 것도 아닙니다. 하지만 그런 판결은 불법을 저지른 자들이 아무런 처벌 없이 넘어가지 않고 책임을 져야 마땅하다는 것을 보여주죠. 전쟁과 폭력이 제한 없이 용인되어서는 안 된다는 걸 말이에요.

전쟁은 여전히 맹위를 떨치고, 정의에 대한 희망은 아주 드물게만 실현됩니다. 불의가 만연한데, 죽은 사람들은 정의를 요구할 수도 없어요. 그러나 정의는 더 이상 무기 사이에서 침묵하면 안 됩니다. 👑

살아 있으나
죽은 사람

한때 프랑스인이라면 그의 이름을 모르는 사람이 거의 없을 정도로 그는 유명했습니다. 매일 언론에 이름이 오르내렸죠. 하지만 그는 자신이 얼마나 유명한지 결코 알지 못했습니다. 뱅상 랑베르는 간호사로 일하고 취미로 모터사이클을 타며 아내와 행복하게 지냈어요. 끔찍한 사고를 당하기 전까지는 말이죠. 뱅상은 사고에서 가까스로 살아남았지만, 식물인간이 되어 더 이상 깨어나지 못했습니다.

이때부터 프랑스의 눈이 온통 그의 병상에 쏠렸어요. 그의 아내는 뱅상을 그만 떠나보내야 한다고 생각했어요. 하지만 뱅상의 부모는 생명 연장 장치를 떼어내는 것은 죄악이라고 생각했어요. 이 일을 둘러싸고 대가족의 의견이 둘로 갈라졌죠. 뱅상의 형제 중 네 명은 뱅상을 보내줘야 한다고 했고, 다른 네 명은 절대로 안 된다며 팽팽하게 맞섰어요. 조카들과 이웃, 정치인들도 나름의 의견을 보탰어요. 모두가 뱅상 랑베르에게 어느 편이 더 좋은지 알고 있다고 생각했어요.

생명을 누릴 권리는 존재하지만, 죽음을 택할 권리는 존재하지 않습니다.

다이앤 프리티는 예전에 법정에서 그런 권리를 요구했어요. 그녀는 목 아래로 전신마비가 된 상태로 목숨을 부지했지요. 그 고통은 그녀에게 고문과도 같았어요. 그녀는 남편 브라이언이 자신의 입에 독약을 넣어주어 세상을 떠날 수 있기를 바랐어요. 남편도 할 수 있다면 그렇게 하고 싶었죠. 문제는 그렇게 하면 남편이 15년간 징역살이를 해야 한다는 것이었어요. 당연히 그런 법이 있어야 한다고 말하는 사람들도 있습니다. 국가는 마땅히 생명을 보호해야 하며, 그것은 비난받을 일이 아니라는 거죠. 하지만 어떤 사람들은 죽음에 대한 자기 결정권이 있어야 한다고 말합니다.

다이앤 프리티는 자신의 사안을 가지고 유럽인권재판소에 제소했지만, 패소했어요. 그리고 얼마 뒤 심한 호흡곤란으로 세상을 떠났어요.

하지만 뱅상 랑베르는 소송을 제기할 수 없었어요. 그저 의견

다툼 대상이 되었을 뿐이죠. 그가 죽음을 기다렸다면, 참으로 오래 걸렸을 거예요. 의사들이 생명 연장 장치를 제거하는 것이 허용되기까지 10년 넘게 재판이 이어졌으니까요. 하지만 죽음을 고대하지 않았다면, 죽음이 너무 빨리 찾아온 건지도 모르죠. 그가 무슨 생각을 하고, 무엇을 바라고, 무엇을 희망했을지 우리는 알지 못합니다. 그는 그 비밀을 무덤까지 가지고 갔으니까요. 👑

희망을 찾아 철조망을 넘는 사람들

자신이 살던 곳을 떠나 유럽으로 향하는 사람이 많습니다. 질서가 잡혀 있고 집도 든든하며 비가 와도 비탈 위 집이 떠내려갈 염려가 없는 곳, 가뭄도 내전도 기승을 떨치지 않으며 머리카락 한 가닥이 이마로 흘러내렸다고 경찰관이 여성들을 구타하지도 않는 곳, 아이들도 학교에 다니고 안전한 미래를 보장받을 수 있는 곳에서 삶을 꾸리기 위해서입니다.

유럽으로 향하는 사람들은 대부분 젊은 층입니다. 머나먼 여정에서 견뎌낼 힘이 있어야 하기 때문이죠. 남쪽에서 북쪽까지 이어지는 여정은 멉니다. 산을 넘고, 돌투성이 반사막과 사하라 사막을 통과해 지중해를 건너야 하죠. 정말 위험한 고생길이에요. 과연 유럽에 발을 디딜 수 있을까? 출발할 때는 도착을 상상하지 못합니다. 하지만 조금 더 사람답게 살고 싶은 마음에 길을 나서는 거죠.

　아메드와 레자는 많은 사막을 건넜습니다. 하지만 바다를 앞에 두고 높은 철조망 울타리를 만났어요. 울타리 뒤에 또 울타리가 있었고, 그 뒤에 또 다른 울타리가 있었어요. 그 너머가 유럽이라고 했지요. 멜리야, 즉 아프리카에 있는 한 조각 유럽 땅(스페인령) 말입니다. 이쪽과 저쪽, 안쪽과 바깥쪽이 분명히 존재했습니다. 아메드와 레자는 철조망에 붙은 커다란 표지판에 뭐라고 쓰여 있는지 읽을 수 없었어요. 뭐라고 쓰여 있든 알 바 아니었지만요. 그들에게 중요한 것은 오직 철조망을 넘어 안쪽으로

42

들어가는 것이었죠.

철조망 가장자리에서는 여러 가지 소문이 파다했어요. 밤이 되면 철조망이 낮아진다는 소문도 있었고, 세 번째 철조망 울타리를 넘으면 네 번째 울타리가 있고 그 뒤로 다섯 번째 울타리가 기다린다고도 했어요. 그리고 그 울타리를 넘으면, 검정 나비넥타이를 맨 웨이터가 바닐라 아이스크림을 서빙하는 증기선을 타고 유럽으로 가게 된다고도 했죠.

어떤 사람은 스무 번 시도해도 울타리를 넘지 못하고, 어떤 사람은 단번에 넘을 수 있다고도 했어요. 모하메드의 파란 천막에

가면 울타리를 수월하게 넘을 수 있는, 발톱 달린 신발을 판다는 이야기까지 들렸죠. 포기하면 바보라고도 했어요. 결국 사람에게는 생명권과 망명권이 있으니까요.

아메드와 레자는 이 모든 이야기를 곧이곧대로 믿었어요. 그들은 열일곱 번 시도한 끝에 철조망 울타리를 넘었어요. 울타리 반대쪽에 쿵 하고 떨어졌죠. 울타리에서 뜀뛰기했다기보다 그냥 추락한 수준이지만요. 그러나 그들은 일어섰고, 손가락으로 V자를 그으며 여전히 울타리를 기어오르는 사람들에게 용기를 주었어요.

하지만 망명을 원한다는 그들의 말을 귀담아들어주는 사람은 아무도 없었어요. 경찰관들은 방탄조끼를 입고 헬멧을 쓰고 있었죠. 검정 나비넥타이를 매고 바닐라 아이스크림을 서빙한다던 웨이터로는 전혀 보이지 않았어요. 그들은 철조망 울타리를 넘어온 사람들의 수를 헤아리며, 자신들의 리스트에 작은 선을 그어 표시했습니다. 그런 다음 철창이 달린 경찰차의 문을 열고, 새로 철조망을 넘어온 사람들을 밀어 넣었어요. 아뿔싸, 미처 알아채기도 전에 아메드와 레자는 다시 철조망 울타리 다른 편에 가 있었어요. 이제 그 울타리는 전보다 훨씬 높아 보였죠.

그들에게는 여권이 없었어요. 돈도 없었고요. 가진 것이라고는 그들이 가져온 이야기뿐, 더는 돌아갈 수 없고 더 이상 돌아가고 싶지 않은 고통스러운 삶의 이야기뿐이었습니다.

이야기는 그들에게 화폐와도 같았죠. 그들은 그것으로 낯설고 부유한 나라로 들어가는 입장권을 사서 마침내 인간다운 삶을 살고 싶었어요. 그들은 자신의 이야기를 병에 담아 띄워 보내고 싶었어요. 하지만 어디로 보내야 할까요?

아메드와 레자는 다시 울타리 앞에서 살아갈 수밖에 없었어요. 그들은 울타리 오르는 연습을 했어요. 다시금 열일곱 번쯤 시도하면 울타리를 넘을 수 있을지도 모르니까요. 그러면 정말로 증기선이 와서 망망대해를 건너 그들을 북쪽으로 데려갈까요? 그들은 희망을 포기하지 않았어요.

아메드와 레자가 죽지 않았다면, 여전히 그런 희망을 품고 있을 거예요. 👑

큰 사람과
작은 사람

알렉세이 나발니는 정말 키가 컸어요. 그보다 큰 사람은 거의 없어, 그가 일어서서 이야기하면 단박에 눈에 띄었지요. 그는 할 말이 많았어요. 정보를 많이 아는 만큼 분노도 많이 쌓여 있었죠. 그는 모든 것을 증명할 수 있었어요. 권력을 빼앗은 자들이 얼마나 부패한지, 그들이 어떻게 몰래 다른 사람 이름으로 요트와 궁전을 사들이고 샤워실에 금으로 된 수전을 달며 침대를 왕들처럼 캐노피로 장식하는지.

나발니는 권력자들의 탐욕을 숫자와 이미지로 증명할 수 있었어요. 그는 대중이 권력의 정점에 있는 사람들의 삶을 궁금해한다는 것을 잘 알고 있었죠. 그래서 영상을 찍어 그것을 보여주었어요.

나발니의 웹사이트를 클릭하면 권력자들이 무엇을 사고, 무엇

을 훔치고, 무엇을 선물 받았는지 알 수 있었어요. 권력자와 부자
중 누가 누구와 아는 사이이고 누가 누구에게 무엇을 빚졌는지,
누가 누구와 친하고 누가 누구를 매수했는지 까발렸지요. 나발니
는 거짓말하지 않았어요. 모두가 알고 싶어 하는 진실을 보여주

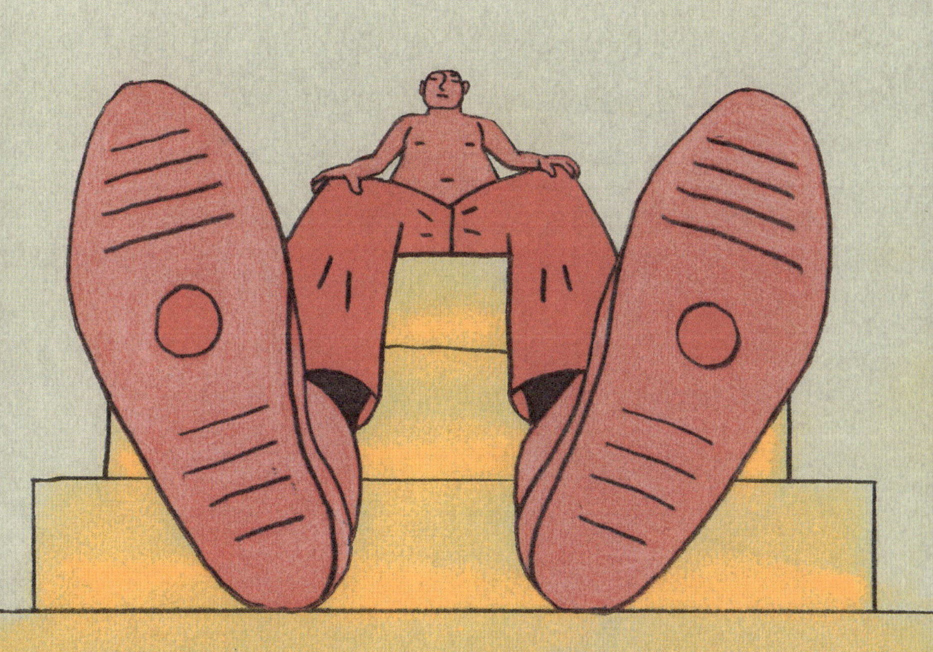

작은 사람은 큰 사람을 상대하기 위해 온 나라를 동원했어요.
우선 큰 사람을 법정에 세우고, 감옥에 집어넣고,
마지막에 무덤으로 보내버리기 위해서 말이죠.

었죠.

그러나 권력자와 부자는 이런 진실이 드러나는 것을 원치 않았어요. 무엇보다 한 사람이 특히 더 그랬죠.

나발니의 적은 바로 블라디미르 푸틴이었습니다. 푸틴은 키가 작은 사람이에요. 그는 사람들과 어울리는 것을 좋아하지 않죠. 하지만 호화스러운 홀에서 스포트라이트를 받으며 등장하는 것은 좋아합니다.

푸틴은 늘 사람들의 시선을 받아요. 수많은 텔레비전 프로그램에 나오고, 연신 뉴스에 나와요. "우리 대통령 푸틴." 어느 때는 넥타이를 꽉 맨 모습, 어느 때는 상체를 드러내고 손에 사냥칼을 든 모습, 어느 때는 유도복을 입고, 어느 때는 탱크와 군인들 사이에서 진지한 표정을 지은 모습으로 등장합니다. 그는 무엇을 해야 하는지, 어떤 희생을 치러야 하는지, 적들에게 왜 절대로 관용을 베풀어서는 안 되는지 이야기하죠.

나발니와 푸틴은 개인적으로 한 번도 만난 적이 없지만, 늘 서로를 주시했어요. 키가 큰 나발니는 이야기했고, 키가 작은 푸틴은 말없이 하고 싶은 것을 행동으로 옮겼죠. 푸틴은 방해꾼을 제거하거나 체포하기 위해 수백 명의 경찰을 출동시켰어요.

작은 사람은 큰 사람을 상대하기 위해 사법부, 경찰, 정보기관

등 온 나라를 동원했어요. 우선 큰 사람을 법정에 세우고, 감옥에 집어넣고, 마지막에 무덤으로 보내버리기 위해서 말이죠. 큰 사람은 오랫동안 작은 사람의 공격을 버텼어요. 독살 시도에서 살아남았고, 러시아의 머나먼 변방으로 보내졌을 때도 여전히 목소리 높여 작은 사람을 비판했죠.

큰 사람은 여위고 창백했지만, 꼿꼿했어요. 그에 대한 판결과 형벌이 이어져, 1년의 수용소형, 그 뒤 8년, 그리고 20년형을 선고받았죠. 법원들은 작은 사람이 미처 입을 떼기도 전에 그의 뜻을 읽고, 미리미리 알아서 큰 사람에게 무거운 형을 선고했어요. 정말 불공정한 싸움이었죠. 결국 큰 사람은 사망했고, 작은 사람이 승리했습니다. 죽은 자는 더 이상 말을 하지 못합니다. 하지만 계속 작은 사람에게 방해가 될 수는 있죠.

나발니의 장례식에는 수천 명의 추모객이 모였어요. 그의 이름은 러시아 역사에 새겨졌고, 절대 지워지지 않을 거예요. 모든 권력을 손아귀에 쥔 사람도 그것을 지울 수는 없죠.

다른 정치범들은 아직 살아 있습니다. 그들도 목소리를 높여 권력자들을 비판했고, 자신의 조국을 바꾸려 했어요. 스스로 권력을 쥐려 했고, 권력자들이 싫어하는 일을 했으며, 다른 사람은 감히 입 밖에 내지 못하는 것을 큰 소리로 외칠 용기를 가지고 있었죠.

정치범들을 기억하고 그들에게 관심을 두는 것은 위험할 수도 있어요. 권력자들은 그들을 눈엣가시처럼 여기고, 되도록 노출되지 않게 하려고 하니까요. 하지만 그들의 그림자는 아주 큽니다. 👑

종교의

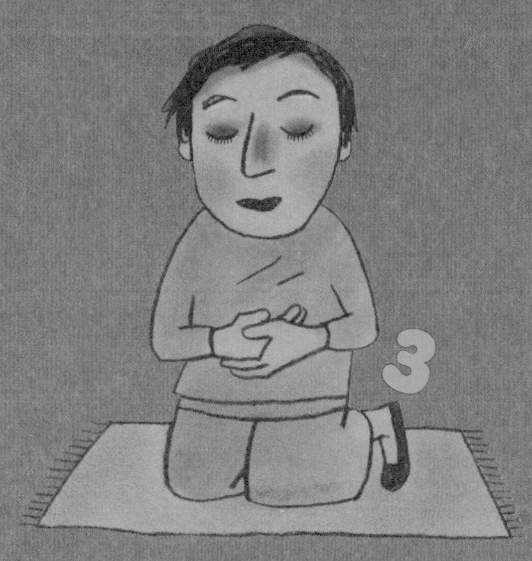

쓸모

혐오가 시작되는 순간,
자유는 더 이상 자유가 아닙니다. 모든 자유가
그렇지만, 의사 표현의 자유와 종교의 자유는
더더욱 그렇습니다.

얼굴을 가린 여성들

얼굴을 가린 여성들을 보면 약간 섬뜩한 느낌이 듭니다. 여러 명이 얼굴을 가린 채 지나가면 커다란 검은 새들처럼 보이기도 하죠. 대부분은 재빨리 지나쳐갑니다. 부르카(전신과 얼굴을 가리고 눈 부분만 망사로 처리한 전신 가리개예요_옮긴이)의 두꺼운 천 뒤로 눈도 거의 보이지 않고, 그냥 검은 삼각형이 걸어다니는 것 같죠.

물론 수녀들도 검은색, 흰색, 회색, 혹은 갈색의 무채색 옷을 입고, 베일로 머리카락을 다 가리고 다닙니다. 그래도 수녀들은 얼굴을 내놓죠. 하지만 부르카를 입은 이슬람 여성들은 주황색 승려복을 입은 하레크리슈나 승려들과도 비교가 안 되고, 카니발에서 박쥐로 분장한 사람들과도 견줄 수 없을 정도입니다. 정말 차원이 다르죠.

그렇다 보니 많은 사람이 부르카 입은 여성을 꺼림칙하게 바

라봅니다. 그뿐만 아니라 이런 복장은 정치적으로도 불안 요소로 작용하고, 그렇게 불안을 조장하는 것은 으레 사회적으로 금지되기 마련입니다.

프랑스와 벨기에 의회는 여성들이 부르카 입는 것을 금지하는 법을 통과시켰어요. 부르카 금지법은 마치 21세기 새로운 복장 규정처럼 읽힙니다. 법은 이렇게 명시했어요. "너무 많은 천을 사용하는 것은 허용되지 않는다. 옷을 입었을 때 눈이 보여야 한다. 사람은 모든 사람과 이야기할 수 있어야 하고, 더불어 살아갈 권리가 있다. 타인을 볼 수 있는 권리가 있으며, 타인에게 보일 의무가 있다."

하지만 아일라는 부르카 금지법을 따르고 싶지 않았어요. 대학교에서 법학을 공부하는 아일라는 무슬림이었어요. 그녀는 자신이 원할 때 부르카를 입고 싶었죠. 늘 입고 다니겠다는 것이 아니라, 축제나 명절에 모스크를 방문할 때만요.

아일라는 부르카를 언제 입고, 언제 입지 않을지 스스로 결정할 수 있기를 바랐어요. 부르카를 입었다가 적발되면 빨간불에 횡단보도를 건널 때처럼 150유로의 벌금을 내야 하다니! 그것은 좀 불합리하다는 생각이 들었죠. 원하는 옷을 입는 것은 인간이 누려야 할 권리 아닐까? 부르카를 입는 것이 과연 타인의 자유를 침범하고, 타인에게 피해를 주는 행동일까? 사람들에게 시내에서 부르카를 보지 않을 권리, 부르카가 없는 구역을 요구할 권리가 있는 것일까? 오토바이를 타는 사람도 얼굴을 거의 가리는 헬멧을 쓰고 다니지 않는가. 코로나가 유행할 때는 모두가 마스크를 썼는데, 그때도 얼굴이 가려지지 않았던가.

하지만 정치권은 이런 아일라의 의견을 받아들이지 않았어요. 어떤 여성도 자원해서 부르카를 입고 싶어 할 리 없다고 보았죠. 부르카는 여성 억압의 상징이며, 유럽 문화와 어울리지 않는다고 판단했어요. 의사 표현의 자유도 종교의 자유도 여성이 남성에게 복종하는 모습을 공개적으로 표시하는 것을 정당화해서는 안 된다고 보았습니다.

아일라는 재판에서 졌어요. 판사들은 아웃사이더가 될 권리를 인정하지 않았죠. 아일라에게 관용이 부족하다고 했어요. 하지만 아일라는 자신이 아니라 다른 사람들이 그렇다고 생각했죠.

이처럼 다르게 살아가려면 간혹 대가가 따라요. 그리고 다르게 살아가는 것이 아예 불가능한 경우도 있습니다.

반면 여성의 상반신 노출은 허용될 전망이라고 하네요. 최소한 베를린의 수영장에서는 말이에요. 남성에게는 허용하면서, 어떻게 여성의 상반신 노출을 금할 수 있겠어요? 👑

누가
스파게티 괴물을
믿을까?

신을 어떻게 상상할 수 있을까요? 물결치는 기다란 수염에 나풀거리는 옷을 입고, 둥실둥실 떠다니는 모습으로요? 홀쭉한 얼굴에 매서운 눈빛을 한 모습으로요? 문을 열고 환하게 웃으며, 오는 사람을 맞이해주는 모습으로요? 나무나 새, 산과 같은 모습으로요? 혹은 머리에 스파게티 국수가 감겨 있고, 체를 뒤집어쓴 스파게티 괴물과 같은 모습으로요?

사람들은 다양한 믿음을 가질 수 있어요. 성경에는 하느님이 제단에 제물로 바친 동물을 보고 기뻐했다고 되어 있습니다. 심지어 한번은 사람을 제물로 바칠 뻔했으나, 다행히 동물로 대체되었죠.

그리스 신들은 매우 세속적으로 살며, 황소를 타고 다니고, 황금빛 비로 변신하기도 하고, 티탄들과 싸우기도 했습니다. 조용히 앉아 명상에 힘쓰는 신들도 있었죠. 세상을 등진 채 지낸 신들도 있고, 황금빛 신전이나 거대한 사원, 혹은 산 위에 머무른 신들도 있었습니다.

스파게티 괴물이 나오는 경전 같은 것은 없죠. 스파게티 괴물은 미국 캔자스주에 사는 한 젊은 남자가 만들었습니다. 그는 학교의 생물학이나 자연과학 수업에서조차 하느님이 각종 동식물과 인간을 비롯해 이 세상 모든 것을 창조했으며 진화는 없다고 가르치는 것에 화가 났어요. 그렇게 가르치면 안 된다는 생각에, 모든 종교를 조롱하기 위해 장난으로 신을 만들었어요. 성경에 나오는 〈주기도문〉을 패러디해 〈괴물 기도문〉을 만들었죠. 〈주기도문〉에서처럼 신께 '일용할 양식'을 구하는 대신, '일용할 파스타'를 구하고, 파스타를 먹지 않는 이들의 죄를 용서한다고 했어요. 그는 스파게티 괴물신을 내세운 종교를 '파스타파리안교'라고 칭했어요. 그러자 많은 사람이 기발하고 우습다며 합류했죠. 그래서 전 세계적으로 스파게티 괴물교 지부와 교회가 생겨났어요.

날아다니는 스파게티 괴물교에 매력을 느낀 헤르미나 빌트마이어도 신도가 되어 그 의식을 따라 생활했어요. 스파게티 미사를 드리고, 머리에 언제나 파스타 체를 쓰고 다녔어요. 새 여권을 발급받아야 할 때가 되자, 국수 체를 쓰고 찍은 사진을 제출했습

모든 재치 있는 생각과 즉흥적인 착상이
곧 '종교'가 되는 것은 아닙니다.

니다. 베일이나 히잡을 쓰고 여권 사진을 찍는 여성들처럼 국수
체를 쓰고 찍어도 되지 않느냐는 생각이었죠. 체를 쓰는 것은 자
신이 믿는 종교가 정한 의무 사항이니까요.

하지만 여권 발급 담당 관청은 한마디로 딱 잘라 헤르미나가
낸 사진을 거부했습니다. 스파게티 괴물은 신이 아니고, 파스타
파리안교는 정식 종교가 아니며, 모든 것은 그저 엉터리로 지어
낸 종교적 난센스일 뿐이라면서 말이에요.

하지만 헤르미나 빌트마이어가 소송을 제기했을 때, 법원은
이 사안을 진지하게 검토했어요. 종교의 자유와 관용은 사람들이
더불어 살아가는 데 가장 중요한 문제에 속하기 때문이었죠. 하
지만 결국 법원도 헤르미나의 손을 들어주지 않았어요. 스파게티
괴물교는 모든 것이 반발심에서 비롯되었으며, 진정한 종교라기
에는 삶의 근본적인 질문들에 답을 제시하지 못한다는 이유였습
니다. 스파게티 괴물교는 믿음과 확신이 아니라, 차별화와 비판
을 위한 수단일 뿐이라는 것이었죠.

새로운 종교를 창시할 수는 있어요. 계시와 깨달음을 주장하
는 것도 허용되죠. 하지만 모든 재치 있는 생각과 즉흥적인 착상
이 곧 '종교'가 되는 것은 아닙니다. 조롱과 풍자만 가지고 만든
종교가 사회적 공인을 받는 것은 불가능합니다. 👑

거룩한 책들

유대교, 기독교, 이슬람교처럼 세계의 대표적 종교는 모두 고유의 경전을 가지고 있어요. 경전들은 굉장히 오래전에 쓰인 문서입니다. 이 문서들은 신에 대해 이야기하고, 거룩한 언어로 신을 찬양해요. 신을 전능하고 영원하며 자비롭고 은혜로운 분으로 묘사합니다.

경전은 천국과 지옥, 죽음과 사탄, 오래전 과거에 살았던 사람들의 생각과 경험을 전해줍니다. 머나먼 다른 세계에 관해 이야기하고, 내세에서 현세, 그리고 현세에서 내세에 이르는 다리를 놓아주기도 하죠. 신도에게 경전은 진리이며 거룩한 책입니다. 그래서 경전은 종종 멋지게 장식되어 귀중한 함에 보관되기도 하죠.

반면 믿지 않는 사람에게는 그 모든 것이 낡은 종이 쪼가리에

혐오로 변하는 순간,
자유는 더 이상 자유가
아닙니다.

모든 자유가 그렇지만,
의사 표현의 자유와
종교의 자유는 특히
더 그렇죠.

불과해요. 그들은 경전 내용이 황당하다며 비웃고, 믿을 것이 못 된다고 치부합니다. 신도들이 숭고하고 엄숙하게 여기는 내용을 유치하게 느끼기도 하죠.

경전을 믿지 않는 사람들은 경외심이 무엇인지 알지 못합니다. 자신이 알아서 살면 되고, 신은 필요 없다고 생각하죠. 세상을 자기 나름대로 해석하고, 모든 것을 더 잘 안다고 여깁니다. 사실 비웃기는 쉬워요. 비웃다 보면 분노하기도 하죠. 화난 사람은 뭔가 파괴할 수도 있고요. 비웃는 사람은 비웃고 조롱하는 것이 의사 표현의 자유라고 생각합니다.

한편 종교를 믿는 사람 중에 아주 좁은 신앙을 가진 사람들도 있어요. 자기 자신의 삶만 신의 마음에 들 거라고 생각하며, 믿지 않는 사람의 삶을 경멸하고, 나아가 혐오하기도 하죠. 믿지 않는 사람이 자유분방하게 행동하거나 낙태, 동성애를 하면, 그들의 부도덕을 경멸하고 비난합니다. 이런 융통성 없는 태도를 종교의 자유라고 여기죠.

한쪽이 다른 쪽을 미워하고, 다르게 살아갈 권리가 있음을 인정하지 않으려 하면, 어느 날 이쪽의 경전이 불타거나 저쪽의 무지개 깃발이 불타는 일이 일어날 수밖에 없어요. 자유를 오해하기 때문이죠.

혐오가 시작되는 순간, 자유는 더 이상 자유가 아닙니다. 모든 자유가 그렇지만, 의사 표현의 자유와 종교의 자유는 특히 더더욱 그렇습니다.

표현의

자유

니나는 자신이 무명용사의
명예를 훼손했다고 신고한 사람들이
왜 분노하고 언짢아했는지 이해할 수 있었어요.
(…) 하지만 잘못된 의사 표현이라도,
그 의사 표현 자체가 처벌받으면
안 된다는 생각에는 변함이 없었어요.

전쟁 기념비 위에서 스크램블드에그를 만들다

어느 화창한 봄날이었어요. 목요일 오후였죠. 찢어진 청바지와 셔츠를 입은 남학생들과 알록달록한 티셔츠를 입은 여학생들은 한껏 들떠 있었어요. 우크라이나의 수도 키이우에 사는 이 학생들은 자전거를 타고 전쟁 기념비로 달려갔어요. 전쟁 기념비는 도심에서 조금 떨어진 곳에 있었지만, 멀지는 않았죠.

달걀을 가져온 사람은 니나였어요. 전쟁 기념비에 가자는 아이디어를 낸 사람도 니나였죠. 달걀 열 개, 프라이팬 하나. 남학생들과 마리나는 소시지를 가져왔어요.

니나와 친구들은 무명용사를 추모하기 위해 묘 앞에 세워놓은 전쟁 기념비에서 타오르는 불꽃 위에 프라이팬을 얹고 그 안에 달걀을 깨뜨려 넣었어요. 그러고는 소시지들도 넣어 함께 구웠어요. 제2차 세계대전에서 전사한 32명의 군인이 묻힌 자리에서 말이에요. 마침 경찰 두 사람이 지나가다가 프라이팬과 달걀, 소시지를 보고는 여기서 이러면 안 된다고 주의를 주었지만, 더 이상 제재하지는 않았어요.

그중 한 친구가 이런 해프닝을 동영상으로 찍었고, 니나는 인터넷에 그 동영상을 올렸어요. 구 소련(1922년 러시아 등 여러 공화

국이 결합해 성립한 국가 '소비에트 사회주의 공화국 연방'의 약칭으로 1991년 해체되었어요_옮긴이)) 군가를 배경 음악으로 깔고, 소련의 전쟁 희생자 숭배 문화와 불꽃을 꺼뜨리지 않기 위해 53년째 가스를 낭비하는 실태를 조롱했죠. 이 불은 아무도 따뜻하게 해주지 못하고, 아무런 도움이 되지 않는다면서 말이에요. 이어 '오늘의 레시피'를 자랑스럽게 소개하며, 다른 사람들도 한번 해보라고 부추기기까지 했어요.

하지만 해프닝은 짧고 스캔들은 길었죠. 이 일로 니나는 결국 체포되었어요. 3개월간 구치소에 갇혀 있다가 3년 징역형을 선고받았으나, 집행유예로 석방되었죠. 니나는 다시 자유의 몸이 되었으나, 자신이 이 일로 유죄 판결을 받은 것이 부당하다고 생각해, 유럽인권재판소에 제소했어요.

물론 다른 방식으로 세금 낭비를 비판할 수도 있었을 거예요. 하지만 니나는 스캔들과 이벤트를 좋아했어요. 그것이 그녀의 방식이었죠. "의사 표현의 자유는 인권에 보장되어 있지 않나요?"

재판관들은 "원칙적으로 그렇다"라고 말했어요. 그러나 그 사안을 두고 재판관들끼리도 의견이 갈라졌어요. 다수의 의견은 예술적 퍼포먼스에도 정도가 있어야 한다는 것이었죠. 기념해야 할 것은 기념해야 하므로, 전사한 이들을 기리는 기념물에 손을 대서는 안 된다고 보았어요. 조롱과 풍자는 허용되지만, 이런 식의 조롱은 용납될 수 없다고 했어요. 그래서 니나의 소송은 기각되었어요. 반면 소수의 재판관은 그런 식으로 항의하고 저지하는 행동도 보호되어야 한다고 주장했어요. 누구나 점잖게 의견을 개진할 수는 있지만, 좀 소란스럽게 해야 사회가 움직인다는 거였죠.

2010년 열아홉 살 니나에게 제2차 세계대전은 너무나 먼일로 느껴졌습니다. 당시 일어난 살육과 죽음의 이야기도 그다지 생생하게 다가오지 않았어요. 추모의 불꽃으로 기리는 전사들의 삶도 별로 와닿지 않았고, 더 이상 울림을 주지 못했죠.

하지만 4년 뒤 러시아가 크림반도를 점령해, 니나의 조국인 우크라이나 일부를 병합했어요. 그리고 12년 뒤에는 우크라이나 도시들에 대한 러시아의 폭격과 공격이 거의 제2차 세계대전을 방불케 했죠.

그제야 니나는 자신이 무명용사의 명예를 훼손했다고 신고한 사람들이 왜 분노하고 언짢아했는지 이해할 수 있었어요. 경솔했던 자신의 행동에 마음이 아팠죠. 하지만 잘못된 의사 표현이라도, 그 의사 표현 자체가 처벌받으면 안 된다는 생각에는 변함이 없었어요. 👑

광란의 가수들

"성모 마리아여, 푸틴을 몰아내소서! 푸틴을 몰아내소서! 몰아내소서, 푸틴을!" 러시아의 펑크록 그룹 푸시 라이엇은 펑크 기도가 담긴 41초의 비디오 클립으로 세계적인 명성을 얻었습니다. 이들은 2012년 모스크바 한복판에 있는 러시아 정교회 구세주 그리스도 대성당에서 원색 복면을 쓴 채 (푸틴의 재선에 반대하는) 퍼포먼스를 벌였어요. 그때는 미사 시간은 아니었어요. 하지만 우연히 성당에 들렀던 몇몇 신도가 그 모습을 보고 경악했어요. 즉시 경비원들이 달려와 여가수들을 붙잡아 거룩한 공간에서 끌어냈죠.

체포된 가수 중 마리야 알료치나와 나데시다 톨로코니코바는 6개월간 미결수로 구금되어 있다가, 추가로 1년 반의 징역형을 선고받았어요. 마리야 알료치나에게는 어린 자녀가 있었는데, 오랫동안 아이를 보지 못하게 된 것이에요. 나데시다 톨로코니코바도 친구 및 가족과 떨어져 지내야 했어요. 세 번째로 체포된 예카테리나 사무제비치는 집행유예로 석방되었죠. 하지만 이들은 전혀 후회하지 않는다고 했어요. 해야 할 일을 했다는 것이었죠. 이들의 항의는 시끄럽고, 격렬하고, 솔직했어요. 리듬에 맞춰 고함을 질러댔죠. 잠깐 눈길을 끌기 위해 모든 것을 걸었던 거예요. 노래 가사에는 욕설이 섞여 있었어요.

재판이 진행되자, 다시금 그들에게 많은 사람들의 관심이 집중되었어요. 이들에게 내려진 형벌은 공포를 주입하던 독재자 이시오프 스탈린의 제국(소련)이 절대 사라지지 않았음을 보여주었어요. 이후에는 그들의 소식을 들을 수 없었죠. 멤버들은 감옥에서 더 이상 원색 의상을 입지 못하고, 다른 사람들처럼 칙칙한 죄수복을 입은 채 슬픈 표정으로 앉아 있었어요.

그 뒤 광란의 여가수들은 판결이 부당하다며 유럽인권재판소에 제소했어요. 인권재판소는 여가수들의 손을 들어주었죠. 인권재판소는 이들이 받은 정신적·육체적 고통에 대해 러시아가 보상금을 지급해야 한다고 판결했고, 러시아는 이를 지급했어요.

그러나 그들의 기도는 이루어지지 않았어요. 푸틴은 여전히 권좌에 남았고, 인권을 존중하지 않기로 했죠. 푸틴은 연설에서 인권

은 용인될 수 없다며 규탄했
어요. 이제 〈유럽인권협약〉
은 러시아에서 더는 효력이
없어요. 러시아는 우크라이
나를 침공해 유럽평의회에
서 제명되었고, 그래서 인권
협약을 지킬 의무도 없어졌
어요. 푸틴은 전혀 아쉬워하
지 않을 겁니다. 그는 방해받
고 싶어 하지 않으니까요.

길고 짧은 것은 대봐야 안
다는 말이 있죠. 역사가 이들
을 어떻게 평가할지는 아직
열린 질문으로 남아 있어요.
푸시 라이엇의 멤버들은 지
금 러시아를 떠나 망명지에
서 공연을 이어가고 있어요.
하지만 언젠가 러시아로 돌아갈 수 있을지도 몰라요. 그들의 기도
가 이루어질지도 모르고요. ♕

피오트르와 카지미에시는 폴란드 장교였던 아버지가 제2차 세계 대전 중에 포로로 잡혔다가 학살당했다는 사실을 알고 있었어요. 소련의 독재자 스탈린은 1940년 폴란드 동부의 한 숲에서 4000명이 넘는 폴란드 포로를 총살해서 매장하라고 명령했습니다. 총살당한 사람은 대부분 장교였어요.

이 끔찍한 범죄가 일어난 곳이 카틴이었죠. 이 지명은 사랑하는 이를 잃은 사람들의 기억 속에 깊이 각인되었지만, 결코 터놓고 말할 수 없었습니다. 나중에 집단 매장된 시신들이 발견되고, 이런 범죄가 세계적으로 공분을 사자, 소련 군인들은 독일군이 학살했다고 거짓 주장을 했습니다. 증인들은 감시당했고, 진실을

인권 개념은 제2차 세계대전 이후에야 확립되었어요.

그래서 그전에 무슨 일이 일어났는지,

말하는 것은 위험한 일이었죠.

아버지가 학살당했을 때 피오트르와 카지미에시는 아직 어린 아이였어요. 그들은 어른들이 서로 수군대는 소리로만 진실을 알 수 있었고, 그 진실을 입 밖에 내면 안 된다는 것을 깨달았죠. 그들은 전쟁이 끝나고 소련군이 물러갈 때까지 오랫동안 기다려야 했어요. 그 일을 자유롭게 말하고, 그때 어떤 일이 있었는지 자세히 조사하기까지 수십 년이 흘렀죠.

폴란드와 러시아의 역사학자들이 위원회를 조직해 함께 과거사를 규명하기 시작했어요. 하지만 그 뒤 러시아의 정치 상황이 바뀌었고, 아무도 카틴 숲의 대학살에 대한 진실을 드러내려 하

그 질문에 대한 답변을 끝내 얻지 못했어요.

지 않았어요. 역사위원회는 해산되었고, 피오트르와 카지미에시는 더 이상 카틴에 가볼 수 없었어요. 범죄 흔적을 찾는 것도, 혹시 남아 있을지 모르는 문서들을 확인하는 것도, 기록 보관소의 자료를 열람하는 것도 허락되지 않았죠.

러시아 당국은 카틴에 더 이상 아무것도 볼 것이 없다고 주장했어요. 심지어 그들은 카틴 숲 학살이 일어났다는 것 자체를 부인하고, 포로들은 죽은 것이 아니라 가족에게 돌아가고 싶어 하지 않았을 뿐이라며 고인들을 조롱했죠.

카틴 숲 대학살 이후 70년도 더 지나, 이미 고령의 노인이 된 피오트르와 카지미에시는 유럽인권재판소에 제소했어요. 그들은 아버지의 이야기가 묻히지 않기를 바랐고, 진실을 알 권리를 요구했죠. 당시 전쟁 과정에서 정확히 무슨 일이 있었는지 알기를 원했어요. 하지만 그들의 바람은 이루어지지 않았어요. 인권재판소 재판관들은 학살이 너무 오래된 일이어서, 인권을 그렇게 먼 과거까지 소급해서 적용할 수 없다고 판단했습니다. 제2차 세계대전 이후에야 인권 개념이 확립되었다는 것이었죠. 그래서 그 전에 무슨 일이 일어났는지에 대한 질문은 끝내 답변을 얻지 못했어요. 정의를 실현하는 데에도 한계가 있는 것이었습니다. 👑

용기 있는
배신

비밀로 남겨두는 것이 좋은 일도 있어요. 사실이 알려지면 공포와 혼란을 초래할 수 있고, 다른 사람들을 위험에 빠뜨릴 수도 있기 때문이죠. 정보기관이나 군부는 비밀을 가지고 있습니다. 정치인들도 때로는 자신들의 생각을 비밀에 부쳐요. 스스로도 아직 확정되지 않은 상태에서 모두가 그 일을 떠들어대면 곤란하기 때문이죠. 그러다 보면 영원히 비밀로 남는 일들도 있습니다. 부당한 행동, 창피한 실수, 끔찍한 범죄가 드러나면, 누군가는 그에 대한 대가를 지급해야 하고, 감옥에 들어가야 하기 때문이죠. 신뢰가 땅에 떨어지고, 역사가 새로 쓰이는 걸 못내 막고 싶은 것입니다.

그런데도 이런 어두운 비밀을 폭로하는 사람들이 있어요. 그들을 내부 고발자라고 부릅니다. 내부 고발자들은 상사와 동료,

관청과 법원, 각종 기관과 기업, 정부와 군대를 둘러싼 일들을 고발하고, 기밀 자료들을 언론에 건넵니다. 언론은 기꺼이 이를 받아서 대대적으로 보도하죠.

내부 고발자들은 상과 벌을 동시에 받는 경우가 많아요. 한쪽에서는 칭송받지만, 다른 쪽에서는 경멸의 대상이 되고, 해고되며 불이익을 당하죠. 내부 고발자가 없었다면, 우리는 다른 나라의 대사들이 한 나라의 정부 수반을 '테플론 프라이팬'(대사들이 독일의 전 총리 앙겔라 메르켈을 그렇게 불렀다고 하네요. 어떤 비판이나 스캔들이 나와도 다 미끄러지듯 메르켈에게는 먹히지 않고 지지율이 흔들리지 않는다는 의미에서요_옮긴이)이라고 불렀다거나, 어느 외무장관을 '거품처럼 들뜬 성격'의 소유자(독일의 전 외무장관 기도 베스터벨레를 그렇게 불렀다는군요_옮긴이)로 여겼다는 것도 알지 못할 거예요. 또한 우호국의 정보기관이 정치인들을 비밀리에 도청해왔다는 사실도, 부자들과 유명인들이 세금을 아끼려고 얼마나 많은 돈을 해외 조세 회피처로 빼돌리는지도 몰랐을 거예요. 경찰관들이 수감자들을 어떻게 학대하는지도, 대기업이 정부와 결탁해 어떤 방법으로 탈세하는지도, 요양 보호사들이 맡겨진 노인들을 돌보기보다 그저 '관리'만 하는 현실도 말이에요.

베를린 출신의 요양 보호사 브리기테 하이니슈는 요양원 원장

이 노인을 맡기러 온 가족들에게 병들고 연약한 노인들을 정성스
레 돌보겠다고 약속해놓고, 이를 이행하지 않는다고 생각했어요.
노인들은 애정 어린 돌봄을 받기보다 빠른 속도로 처리해야 하는
일 처리 대상이 되고 있으며, 침대 정리나 따뜻한 수프, 화장실 갈
때 필요한 부축을 제공받기 위해 하염없이 기다려야 한다는 것이
었죠. 하이니슈는 분노하고 이의를 제기했지만 전혀 개선되지 않
자, 요양원에서 이루어지는 실태가 사기라며 세상에 이 사실을

알렸어요. 그러자 요양원 원장은 즉각 하이니슈를 해고했죠.

하지만 스트라스부르의 유럽인권재판소 재판관들은 이를 부당한 해고라고 판단했어요. 브리기테 하이니슈는 자신이 잘못되었다고 생각한 점을 원장에게 분명히 알렸고, 부조리한 상황을 바로잡으려 노력했지만 헛수고였다는 것, 이런 상황에서 요양원에서 벌어지는 일들을 외부에 알릴 권리가 있었다는 거죠. 병들고 노쇠한 사람들은 스스로 목소리를 낼 수 없으니까요.

비밀을 폭로하는 것 역시 의사 표현의 자유에 속합니다. 그렇지만 신뢰를 깨뜨리고 불의한 것에 목소리를 높인 사람은 개인적 불이익을 감수해야 합니다. 선의에서 나온 배신이고 말할 권리가 있다고 해도, 자칫 주변 사람들의 눈총을 받을 수 있으니까요. 그래서 법은 내부 고발자 편이라 해도, 내부 고발을 실행하기는 쉽지 않습니다. 👑

차별

5

금지

컴퓨터가 통계를 무기로 활용해 모든 것을 더 잘 아는 것처럼
보일 때도, 사람들은 컴퓨터에 반대 목소리 내는 법을
배워야 합니다.

피부색이
어두운 사람과
밝은 사람

외모가 어떻든, 이름이 무엇이든, 어느 지역 출신이든, 어떤 언어를 쓰든, 사람은 모두 평등합니다. 그렇지만 모든 사람이 항상 평등하고 공정한 대우를 받는 것은 아닙니다.

샨와르는 친구 말림과 함께 뷔르츠부르크에서 기차를 타고 프랑크푸르트로 가고 있었어요. 두 사람이 좌석 등받이에 기대앉아 샌드위치를 먹고 있는데, 갑자기 경찰 두 명이 다가오더니 신분증을 보여달라고 했어요. 샨와르는 놀라서 둥근 안경 너머로 경찰들을 바라보며 왜 그러느냐고 물었죠. 그러자 경찰이 말했어요. "신원 확인입니다. 연방경찰법 제23조에 따라 경찰은 언제든 신분증을 확인할 수 있습니다." "그런데 왜 저와 제 친구만 검사하나요? 이 칸에 있는 다른 사람들은 검사하지 않고요?" 경찰이 짜증스럽게 말했어요. "우린 토론하러 온 것이 아니라, 신분증을

확인하러 온 거예요. 알아들었습니까?” 샨와르와 말림은 여권을
건넸어요. 경찰은 잠시 여권을 넘겨보고 돌려준 뒤 다음 칸으로
옮겨갔어요. 샨와르와 말림이 탄 기차칸에서는 그들 외에 아무에
게도 신분증을 보여달라고 하지 않았죠.

별로 피해가 있었던 것은 아니고 한순간의 일이지만, 화가 난
샨와르와 말림은 재판소에 전화를 걸어, 이것은 분명 인종차별이
며 사람을 비하하는 행동이라고 말했어요. 하지만 재판소는 그것
을 다르게 보았어요. 여권을 제시하는 것은 시민의 평범한 의무
라는 것이었죠! 호텔에 가면 늘 여권을 요구하고, 공항이나 은행
에서 신분증을 요구하는 것처럼 특별한 일이 아니라는 거였어요.

하지만 모두가 여권을 제시해야 하는가, 특정한 사람들만 제시해야 하는가 하는 문제는 매우 다릅니다. 이는 기존 사회에 소속된 사람과 그렇지 않은 사람을 엄연히 구분하는 것입니다.

길고 복잡한 사법 절차가 이어진 끝에, 샨와르와 말림은 결국 승소했어요. 평등하다면 평등하게 대우해야 한다는 것이었죠.

인권에 관한 법적 판단에도 불구하고, 이런 차별 대우가 사라지기는 어려울 것 같습니다. 인공지능 세계에서는 모든 것이 계산되고 기록되죠. 뾰족한 코든 넓은 코든, 초록 눈이든 검은 눈이든, 어두운 피부색이든 밝은 피부색이든, 컴퓨터는 모든 데이터를 저장하고 다른 데이터와 연결해서 특정 집단의 사람을 식별합니다. 그 결과 검은 머리카락을 가진 사람은 암에 더 잘 걸리고, 코가 뾰족한 사람은 도둑질할 확률이 더 높으며, 에스메랄다라는 이름을 가진 사람은 할 일을 제대로 하지 않는다고 판단하죠. 컴퓨터는 겉으로는 굉장한 중립성과 객관성을 표방하며, 누구는 검문해야 하고 누구는 하지 않아도 될지 이야기할 거예요. 컴퓨터는 권리도, 평등한 대우도 알지 못하니까요.

컴퓨터가 통계를 무기로 활용해 모든 것을 더 잘 아는 것처럼 보일 때도, 사람들은 컴퓨터에 반대 목소리 내는 법을 배워야 합니다. 👑

너무 빨리 달리는
여자 육상 선수

아틀란타는 늘 1등으로 결승점을 통과했어요. 사람들은 환호했지만, 환호 속에 곧 질투가 끼어들었죠. 아틀란타는 그 어떤 여자 육상 선수보다 체구가 크고, 다리가 길고, 신발 사이즈가 클 뿐 아니라, 목소리까지 천생 남자 같았어요. 아틀란타는 중후하고 낮은 목소리를 가졌으며, 뺨에는 수염이 자랐고, 어깨는 넓고 엉덩이는 좁았어요.

아틀란타는 정말 남자처럼 보였어요. 그녀와 상대해서 패배한 모든 여자 선수에게 그녀는 남자로 여겨졌어요. 달리기에서 남자랑 대결해 여자가 이길 수는 없죠. 출생 신고서에 성별이 어떻게 표시되어 있든 상관없이 아틀란타는 남자나 다름없었어요. 그렇다 보니 모든 여자 육상 선수는 아틀란타가 자신들의 승리를 가로채고 있다고 생각했어요.

여성과 남성이 법적으로 평등하다고 해도, 성별상 차이는 인정해야 합니다. 남성은 여성보다 높이뛰기에서 더 높이 뛸 수 있고, 달리기 경주에서 더 빨리 달릴 수 있으며, 축구 경기에서 공을 더 힘 있게 찰 수 있어요. 그래서 남녀를 뒤섞어 경기하자고 요구하는 사람은 아무도 없습니다. 그렇게 되면 여성은 승산이 없을 테니까요. 물론 여성이 남성보다 달리기를 잘하는 경우도 있죠. 하지만 세계 기록은 남녀를 구분합니다. 마라톤에서 가장 빠른 여성은 가장 빠른 남성보다 13분 46초 뒤 결승선에 도착했어요.

대부분은 누구를 여자로 보고, 누구를 남자로 봐야 할지 논란이 되지 않습니다. 그러나 자연에는 간혹 예외적인 경우가 있어요. 아틀란타가 그런 경우입니다. 아틀란타는 생물학적으로 '인터섹스'(중성)에 해당해요. 즉, 생물학적으로 남성도 아니고 여성도 아닌, 그 중간인 거죠. 이런 경우 스포츠에서는 어떤 기준으로

여성과 남성을 판단할까요?

너무 빨리 달리는 여자 육상 선수 아틀란타는 결국 출전 금지 처분을 받았습니다. 남성 호르몬인 테스토스테론 수치를 낮추는 약을 먹는 경우에만 다시 경기에 출전할 수 있다는 조건이 붙었죠. 하지만 그녀는 그런 약을 먹는 것이 꺼림칙했고, 자기 몸에 화학적 처치 같은 것을 하고 싶지 않았어요.

아틀란타는 이런 차별에 맞서, 유럽인권재판소에 제소했어요. 이 사안을 두고 재판관들도 의견이 갈렸어요. 몇몇 재판관은 아틀란타의 손을 들어주었고, 몇몇 재판관은 세계육상연맹과 승리할 기회를 빼앗기고 있다고 주장하는 많은 여자 선수의 입장을 지지했어요. 아틀란타를 지지하는 표는 4표, 지지하지 않은 표는 3표였습니다. 다수결로 결정되긴 했지만, 다소 찜찜한 결과였죠. 세계육상연맹은 이렇듯 의견이 갈리는 인권재판소의 판단을 받아들이려 하지 않았어요.

차별이란 무엇일까요? 같은 것은 같게 다뤄야 하지만, 같지 않은 것에는 평등의 원칙이 적용되지 않는다는 것이 세계육상연맹의 입장이었어요. 세계육상연맹의 결정에 따라 아틀란타는 더는 경기에 출전할 수 없었어요. 그녀는 너무 빠르고, 너무 달랐죠. 공정성이 모두를 만족시킬 수는 없는 것 같네요.

가정과

6

사생활 보호

재판관들은 언론 및 정보의 자유와 사생활을 보호받을
권리를 저울질했어요. 하지만 단번에 싸잡아
결론을 내리려 하지 않았습니다.
한 번의 판결이 모든 경우에 적용될 수 없다고 보았죠.

잘못된
아이

도나티나 파릴로와 아르만도 카펠리는 트렁크에 아기 옷을 가득 챙겨 넣고 모스크바로 떠났어요. 그런 뒤 한 아이를 데리고 돌아왔죠. 그들은 모스크바에서 데려온 필리피노를 사랑했습니다.

부부는 수년간 임신을 고대했고, 인공수정으로 아기를 가지려 했지만, 잘되지 않았어요. 그 뒤에는 아이를 입양하려고 했죠. 하지만 입양 부모로서 부적격 판정을 받았어요. 아이를 입양하기에 부부의 나이가 너무 많다는 이유였죠.

그리하여 그들은 '러시아 프로젝트'를 통해 아이를 얻기로 했어요. 이탈리아에서는 불가능한 것이 러시아에서는 허락되었기 때문이죠. 바로 대리모를 통해 자녀를 얻는 방법이었어요.

처음에 도나티나는 혼자서 모스크바로 떠났어요. 아기 옷은 가져가지 않았죠. 대신에 남편의 냉동 정자가 담긴 작은 상자를 가져갔어요. 난자는 러시아의 낯선 여성이 기증하기로 되어 있었고, 병원이 모든 것을 일괄적으로 처리해주겠다고 나섰죠.

대리모의 이름은 나타샤였어요. 모스크바를 방문했을 때 도나티나는 나타샤를 만나지 못했습니다. 하지만 도나티나와 아르만도는 매달 나타샤에게 편지를 썼어요. 배가 얼마나 불렀는지 사진을 보고 싶다고 부탁했고, 아기의 심장 소리가 들리는지 물어봤죠. 하지만 답장이 오지 않았어요. 나타샤는 정기적으로 자기 계좌에 돈이 잘 들어오는지만 확인했죠. 병원도, 의사들도 마찬가지였어요.

아이가 태어나자 도나티나와 아르만도는 함께 모스크바로 갔습니다. 그들은 러시아어, 영어, 이탈리아어로 된 수많은 서류를 작성했고, 필요한 서류에 도장을 받아 아이를 자신들의 친자식으로 등록해 이탈리아로 데려가려고 이탈리아 대사관 앞에서 며칠이나 줄을 섰어요.

그러나 도나티나와 아르만도가 아기 필리피노와 함께 밀라노에 도착했을 때, 경찰이 이 부부를 기다리고 있었어요. 경찰은 서류가 진짜라는 것을 믿으려 하지 않았죠. 그러면서 유전자 검사를 받으라고 했어요. 그런데 결과가 충격적이었습니다. 글쎄, 아기는 도나티나와도 아르만도와도 혈연관계가 없다는 결과가 나

인권 나침반은
아직 생물학적·의학적 가능성에 맞게
조율되지 않고 있어요.

온 거예요. 병원에서 정자가 바뀌었던 겁니다.

다행히 가족은 이탈리아로 입국할 수 있었고, 필리피노는 정성껏 꾸며놓은 아이 방의 캐노피가 달린 침대에서 쌔근쌔근 잠을 잤습니다. 하지만 법원에서 곧바로 좋지 않은 편지들이 도착하기 시작했어요. 대리모 출산은 이탈리아에서 금지되어 있으며, 편법으로 이 금지 조항을 회피하면 안 된다는 거였죠. 법적으로 사기 행위에 해당한다고 했어요. 도나티나와 아르만도는 이제 우편함을 확인하기가 두려웠고, 법원에서 또 다른 편지가 와 있을까 봐 겁났습니다. 그래서 세상과 단절한 채 아이만 돌보며 지냈어요.

하지만 소용없었어요. 모든 것이 드러났어요. 계약서를 쓰고 송금하고, 대리모를 통해 출산하고, 난자를 기증받은 것, 정자가 바뀐 것 등 모두요. 필리피노는 도나티나나 아르만도와 상관없는 아이였고, 아이의 아버지가 누구인지 아무도 알지 못했어요. 나타샤는 침묵했고, 병원은 서류를 찾지 못했습니다. 난자 기증에 대해서도, 정자 기증에 대해서도 기록을 남겨두지 않았던 거죠.

도나티나와 아르만도는 약 9개월 동안 필리피노를 데리고 있었습니다. 필리피노는 옹알이를 하고 기어다니기 시작했죠. 그들은 필리피노의 엄마와 아빠였습니다. 하지만 어느 날 관청에서 사람들이 나와 필리피노를 데려갔어요. 그렇게 해서 필리피노는 길에 버려진 아이처럼 보육원으로 보내졌죠.

도나티나와 아르만도는 온갖 법적 절차를 거친 뒤, 유럽인권재판소에까지 도움을 청했습니다. 부부는 자신들이 9개월간 엄마 아빠가 되어 필리피노를 키웠으니, 필리피노가 자신들을 부모로 둘 권리가 있다고 주장했어요. 하지만 그들의 소송은 기각되었습니다. 재판관들은 도나티나와 아르만도는 필리피노의 권리를 요구할 자격이 안 된다고 보았어요. 그들과 필리피노는 법적으로 아무 관계도 없다면서, 그들에게 법적 부모가 될 권리를 인정해주지 않았죠. 필리피노는 그들의 아이가 아니라, 낯선 나라에서 낯선 남자와 여자에 의해 태어난 아이였기 때문이었어요.

혈연관계가 아니어도 아이를 계속 키울 수 있는 사람들도 있었어요. 유럽의 법은 나라마다 차이가 있으니까요. 인권 나침반은 아직 새로운 생물학적·의학적 가능성에 맞게 조율되지 않고 있어요. 👑

인권 보호의
한계

사데트 바이데미르는 열한 살, 남동생 알리는 아홉 살이었어요. 사데트는 영리하고 활달하며 아이디어가 넘쳤어요. 알리는 말수가 적고 누나를 아주 잘 따랐죠. 사데트와 알리의 부모는 튀르키예에서 독일로 이주한 사람들이었는데, 독일어도 서툴고 스스로 이방인처럼 느꼈어요. 독일 사람들이 비키니를 입거나, 문신을 하거나, 귀 또는 코에 피어싱을 하거나, 파티에서 맥주 마시는 걸 이해하지 못했습니다. 아이들이 머리 염색을 하고 일부러 흐트러뜨린 듯한 헤어스타일을 하고 다니는 것도요.

그러던 어느 평범한 수요일 학교 수업이 끝나갈 무렵, 사데트는 담임 선생님께 지나가는 소리로 부모님이 회초리로 때린다고 말했어요. 선생님은 믿기지 않는다는 듯 사데트를 쳐다보았죠. 그 말을 들은 선생님은 가볍게 넘길 수 없었어요. 뭔가 조치해야 할지도 모르는 일이라고 생각했죠.

선생님은 사데트의 손을 잡고 교장실로 갔어요. 가는 길에 회초리에 맞은 부위가 아프냐고 물어보았죠. 사데트는 "네"라고 대답했어요. 그런 뒤 교장실에서 교장 선생님과 함께 이야기를 나누기 시작했어요. 사데트는 레모네이드를 홀짝이며 차분하고 단호하게 대답했어요. 어제만 그랬던 것이 아니라, 여러 번 맞았다고요. 자신 혹은 남동생의 성적이 떨어지거나 버릇없이 굴거나 말을 듣지 않으면, 아버지가 회초리로 발바닥을 때린다고 했어요. 그러고 나면 발이 붓고 빨개진 것이 눈에 띄지 않게, 욕조에 찬물을 받아놓고 발을 담가야 한다고 했죠. 아빠가 회초리를 들면, 엄마는 미리 수도꼭지를 틀어놓는다면서요.

담임 선생님과 교장 선생님은 한동안 말을 잇지 못했어요. 그러고는 어디론가 전화한 뒤 기다렸죠. 그들은 사데트의 남동생 알리도 불렀어요. 알리는 사데트와 똑같은 이야기를 했어요. 회초리로 맞고, 빨갛게 부풀어 오른 발을 찬물에 담가 식힌다고 말이죠.

이후 사데트와 알리는 학교에서 곧바로 보육원으로 보내졌어요. 부모는 아침에 학교에 간 아이들을 오후부터 보지 못하게 된 거예요. 부모는 아이들이 당분간 보육원에서 지낼 것이라는 통보

모두가
나쁜 뜻은 없었어요.
하지만 모든 것이
어긋나버렸죠.

를 받았어요. 그리고 아이들이 그곳에서 잘 지낸다는 말만 들을
수 있었죠.

그렇게 며칠, 몇 주, 몇 달이 지나고, 결국 1년이 넘는 시간이
흘렀어요. 남매는 보육원에서 잘 지냈고, 한 번도 부모를 만나게
해달라고 말하지 않았어요. 부모는 서툰 독일어로 편지를 쓰고,
이의를 제기하고, 소송을 하고, 변호사를 선임했지만, 잘될 거라
는 말만 듣고 기다리다가 절망에 빠지고 말았어요. 아무도 그들
을 도와주려 하지 않았죠. 연방헌법재판소조차요.

이 사건에 대한 기록은 점점 더 양이 늘어났어요. 긴급보호조
치로 아이들이 시설에 들어간 뒤 친권을 박탈하는 절차가 진행되
었죠. 그래서 아이들이 보육원에 들어간 뒤 부모와 아이들은 법
정에서 처음으로 만났어요. 그사이 사데트는 열두 살, 알리는 열
살이 되었습니다.

부모가 법정에 들어서자마자, 아이들과 부모는 서로를 끌어안
고 울음을 터뜨렸어요. 사데트와 알리는 거짓말을 한 것이었어
요. 모두 꾸며낸 이야기였죠. 사데트의 집에 회초리 같은 것은 없
었고, 맞고 나서 찬물에 발을 담근 일도 없었어요. 사데트와 알리
는 영화를 본 뒤, 그것이 자신들의 이야기인 것처럼 꾸며냈던 거
예요.

그들은 보육원 생활이 마음에 들었어요. 보육원에서는 엄마가 하지 못하게 하는 모든 것을 마음대로 할 수 있었으니까요. 컴퓨터 게임도 마음대로 하고, 텔레비전도 실컷 볼 수 있었고, 일찍 잠자리에 들지 않아도 되었죠. 어린이용 문신도 고를 수 있었고요. 사데트는 종아리에 사자 타투를, 알리는 팔에 악어 타투를 했습니다.

모두가 나쁜 뜻은 없었어요. 하지만 모든 것이 어긋나버렸죠. 국가는 결국 보상금을 지급해야 했어요. 가정생활을 함부로 간섭해 인권을 침해했기 때문이죠.

물론 이렇게 재회한 뒤 바이데미르 가족이 어떻게 지냈는지는 기록으로 남아 있지 않습니다. 

어느 공주의
고민

그림책에는 행복하고 아름다우며, 멋진 왕자와 결혼하는 공주들이 등장합니다. 그렇다면 현실 속 공주들은 어떨까요? 현실에서는 공주들도 살아가기가 쉽지 않습니다. 현실 속 공주들은 늘 행동을 조심해야 합니다. 특종 사진과 스캔들을 노리는 기자들의 눈을 피해 뒷문을 찾아다니고, 양산으로 얼굴을 가리고 다닐 때가 많다고 해요. "공주가 넘어지면서 욕하더라"라는 것만으로도 꽤 그럴듯한 기사가 될 수 있으니까요. 또는 "공주가 장을 보며 고구맛값을 깎더라. 에이, 지갑에 1만 유로쯤 있을 텐데 너무 인색한 것 아냐?"와 같은 기사도 가능합니다.

동화 속 공주가 요즘에는 '동시대의 유명인'이고, 때로는 기쁘고 때로는 슬프고 때로는 피곤하고 때로는 기분이 나쁜 인간이 아니라, '보통 사람'이 따라 하고 싶어 하는 행복의 아이콘이 되었습

니다. 무엇보다 브랜드가 되어, 사업가들은 그들의 이미지를 내세워 돈을 벌죠. 모자를 푹 눌러쓰고 선글라스를 쓴 공주의 사진 한 장만으로도 동영상이나 뉴스 기사의 조회수가 쑥 올라가곤 하니까요.

이런 상황에서 진짜 현실 속 모나코의 카롤린 공주는 조용히

살 권리를 요구했어요. 카롤린은 변호사를 선임해 세상에 돌아다니는 자기 사진들과, 사실이든 지어낸 것이든 상관없이 자신에 대한 모든 이야기와 가십에 맞서 소송을 제기했어요. 그녀는 사생활을 끊임없이 노출하는 언론의 횡포에서 해방되어 주체적인 삶을 되찾으려 했죠. 카메라 앞에서 언제 누구를 위해 미소를 지을지 본인이 선택하려고 했어요.

그녀의 인권은 세상의 호기심에 직면했어요. 사람들은 카롤린에 대해 알고 싶어 했죠. 공주는 평소에 어떻게 생활하는지, 무엇을 하며 살아가는지…….

재판관들은 언론 및 정보의 자유와 사생활을 보호받을 권리를 저울질했어요. 하지만 단번에 싸잡아 결론을 내리려 하지 않았습니다. 한 번의 판결이 모든 경우에 적용될 수 없다고 보았죠. 각각의 경우에 개별적인 사안을 고려해 판단해야 할 거라고 했어요. 예를 들면 정치적으로 중요한 메시지를 다룰 때는 사진과 글이 필요할 수도 있죠. 하지만 공주가 한 말이 그저 사적인 수다라면, 그런 내용을 모두가 알 필요는 없을 거라면서 일괄적인 결정이 불가능하다고 했답니다.

그래서 예전과 별로 다를 바가 없어요. 사진기자들은 사진을 찍고, 기자들은 기사를 쓰며, 공주들은 소송을 제기하고, 변호사들은 소장을 작성하며, 판사들은 매 사안에 대해 새롭게 판결을 내리죠. 그러고 나면 사진기자들은 또다시 사진을 찍고요. 이런 과정을 통해 모두가 많은 돈을 법니다. 공주들만 빼고요. 그리고 어쨌든 호기심 많은 사람들은 또 읽을거리를 갖게 됩니다. 👑

에이투제트
A
Z
7
권여름

왜 아이들에게 반쪽짜리 진실만 알려줘야 하는가?
왜 어른이 되어서야 비로소 눈을 떠 주변 세상을
보게 만들어야 하는가? 그녀는 그렇게 물으며 소송을
제기했어요.

탈레스의 정리

코로나19 팬데믹은 참으로 오래갔어요. 그러는 동안 아이들은 학교에 가지 못하고, 소파나 의자에 앉아 우적우적 배달 음식을 먹기 일쑤였죠. 무릎이나 책상에 노트북을 올려놓고, 한 손에는 스마트폰을 들고 말이에요. 주변에선 어린 동생들이 부산하게 돌아다니고, 레고 놀이를 하다가 피규어를 어디에 세워놓을지 다투기 일쑤였죠.

그러니 원격 수업이 제대로 이루어질 수 없었죠. 월요일 아침 2교시, 수학 시간이었어요. '탈레스의 정리'를 배우는 시간이었습니다. 화면에는 검은 상자들만 보였어요. 한 상자에는 선생님 얼굴이 보였고요. 꽃무늬 블라우스를 입고, 밴드로 머리를 질끈 묶은 채, 아직 잠이 덜 깬 얼굴이었죠. 선생님은 탈레스의 정리를 설명하다가 멈추고 질문했지만, 아무도 대답하지 않았어요. 선생님은 초조해져서, 이 아이 저 아이의 이름을 불렀어요. 그러나 돌아오는 대답은 짧았고, 마치 다른 별에서 들려오는 것처럼 멀게 느껴졌어요. 수학? 탈레스의 정리? 그게 뭐야?

탈레스의 정리가 무엇인지 알 권리가 있을까요? 파충류와 양서류의 차이가 무엇일까요? 〈베르사유평화조약〉은 언제 체결되었을까요? 인터넷으로 이런 정보를 금방 찾아볼 수 있어요. 위키피디아는 모두에게 열려 있죠.

그러나 학습은 단순히 클릭하고, 읽고, 잊어버리는 것 이상의 활동이에요. 위키피디아만 있으면 끝나는 것이 아니죠. 모니터 앞에서 보내는 어린 시절은 성장의 단절을 불러와요. 학교 수업은 마음대로 전원을 켜고 끌 수 있는 것이 아닙니다. 가상 채팅방에서는 생일 케이크도 자를 수 없죠.

코로나바이러스의 전염을 막기 위해 엄격한 규칙들이 시행되었어요. 아이들이나 교사들이 무엇을 원하는지는 고려되지 않았죠. 아이들이 학교에 가고 싶건 말건, 바이러스는 상관하지 않았어요. 학교 문을 열자마자 바이러스가 다시 끼어들었죠. 확진자 두 명, 다시 전원 자가격리. 다시 학교 문을 열고, 시간마다 창문을 활짝 열어 환기하고, 온갖 곳에 소독제를 비치했어요. 그랬는데도 다시 두 명의 확진자 발생. 정말 끝이 없었습니다.

아이들에겐 학교 교육을 받을 권리가 있어요.
하지만 건강을 지킬 권리도 있죠.

처음에는 이런 상황을 내심 좋아하는 아이들도 있었어요. 학교에 가지 않으면 편하니까요. 하지만 곧 친구들이 보고 싶어졌죠. 운동장에서 뛰어놀며 몸싸움하고, 지도책과 물병과 간식을 넣은 가방을 메고 학교에 가고 싶어졌어요. 학교에서 심심한 것이 집에서 홀로 심심한 것보다 더 낫다는 생각이 들었죠.

그렇게 팬데믹으로 학교에 가지 못하는 기간에도 아이들은 자랐어요. 열 살짜리가 열한 살이 되고, 열네 살짜리가 열다섯 살이 되었죠. 하지만 아이들의 어린 시절에는 커다란 구멍이 뚫렸어요. 모니터 속 칸들로는 메울 수 없는 구멍, 아무것으로도 메울 수 없는 구멍이었죠.

　아이들에겐 학교 교육을 받을 권리가 있어요. 그것은 홀로 컴퓨터 앞에 앉아 있을 권리보다 더 중요하죠. 하지만 건강을 지킬 권리도 있어요. 팬데믹 기간에는 건강에 더 무게를 두었던 것입니다.

사랑에 관한 교육

리투아니아의 안타나스 빈테무테스는 자녀의 교과서를 보고 깜짝 놀랐어요. 거기에는 그가 어린 시절 교과서는커녕 다른 어떤 책에서도 볼 수 없던 내용이 적혀 있었어요. 자녀를 키우는 아버지로서, 안타나스는 이런 내용을 어디에서도 보고 싶지 않았어요. 하물며 아이들이 배우는 교과서에 이런 내용이 실리다니요.

"남자는 여자를 사랑하고, 여자는 남자를 사랑해요. 남자가 남자를, 여자가 여자를 사랑하기도 하죠. 모두 괜찮은 거예요." 이럴 수가, 이건 도덕에 어긋나잖아! 뻔뻔하고 잘난체하는 21세기 사람들이 수천 년 전부터 당연하게 여겨오던 것을 의문시한다고? 안타나스는 화가 났어요. 그리스 신 제우스가 남자를 사랑했어? 아니잖아. 그는 여신이나 여인들을 사랑했고, 함께 자녀를 두었잖아. 중세의 연가를 남자가 남자에게 바칠 수 있었어? 로미오와 줄리엣이 여자 두 명이기라도 하냐고? 성경과 코란, 유대교의 토라에도 누가 누구를 사랑할 수 있는지 정해져 있지 않아?

이렇듯 전통과 종교, 문화를 깡그리 무시하는 태도에 안타나스는 그저 놀라고 분노할 수밖에 없었습니다. 그래서 소송을 제기해 법정에 선 그는 아들 마르텐스가 새로 만들어진 이런 교과서로 학습해서는 안 된다고 주장했죠. 사랑하고 결혼해서 가정을 이루는 것은 남녀 사이에서만 가능하다고 배워야 마땅하다는 것이었어요.

리투아니아의 수도 빌뉴스에 있는 지방법원의 판사들도 그렇게 보았습니다. 이들은 모두가 원하는 대로 생각하고 말하고 행동할 수 있지만, 최소한 아이들은 보호해야 한다고 판단했어요. 이 세상에서 일어나는 모든 일을 아이들이 알 필요는 없다는 것이었죠.

상급 법원의 판사들도 안타나스의 의견에 동의했어요. 아이들은 보호받아야 한다고요. 최소한 아이들은 보호해주자고 했어요. 어른들은 자신이 원하는 사랑을 하든 말든, 아이들은 최소한 그런 가능성으로 마음이 혼란스러워져서는 안 된다는 것이었죠.

리투아니아 헌법재판소도 마침내 안타나스의 손을 들어주었습니다. 의사 표현의 자유와 언론의 자유가 중요하긴 하지만, 이 사안은 올바른 도덕 교육의 문제이며, 여기서는 이것이 지식을 배울 권리나 자유로운 의사 표현의 권리보다 더 중요하다고 판결해, 해당 교과서 사용을 금지했지요.

하지만 이 교과서의 저자 네링가 마카테는 그렇게 보지 않았어요. 세상을 있는 그대로 인정하고, 아이들에게도 그 모습을 숨겨서는 안 된다고 생각했죠. 왜 아이들에게 반쪽짜리 진실만 알려줘야 하는가? 왜 어른이 되어서야 비로소 눈을 떠 주변 세상을 보게 만들어야 하는가? 그녀는 그렇게 물으며 소송을 제기했어요.

1심 판사들은 그녀의 손을 들어주지 않았어요. 사랑에 대해 그녀가 주장하는 진실은 혼자 간직하면 될 것이라며, 도덕적 진실은 다르다는 판단이었죠. 리투아니아 헌법재판소도 네링가의 주장을 받아들이지 않았어요.

그러자 네링가는 유럽인권재판소에 제소했고, 유럽인권재판소는 이 어려운 문제를 판단해야 했어요. 어떤 형태의 사랑과 성이 존재하는지 아이들도 알 권리가 있을까? 아이들에게는 이런 지식을 알려주지 말아야 할까? 과잉보호나 간섭은 어디에서 시작되는 것일까?

유럽인권재판소 재판관들은 오래된 판결 기록을 찾아보았어요. 50년 전 영국에서 제소가 들어와, 동료 재판관들이 비슷한 사

아이들에게 있는 그대로의
삶을 알려줘도 괜찮습니다.

안에 대해 판결한 적이 있다는 것을 알아냈죠. 당시 문제가 되었던 것은 '작고 빨간 책'이라는 이름을 달고, 성교육과 섹스에 대해 적나라하게 알려주는 책이었어요. 음란 잡지에나 실릴 법한 내용이 교과서처럼 스무 개의 단원으로 정리된 책이었죠. 환각제나 마약을 사용하는 법, 자위 방법까지 자세히 설명되어 있었어요. 학생뿐 아니라 교사들도 이 책을 읽으며 얼굴을 붉혔습니다.

당시 재판소는 판결문에 인상적인 문장을 하나 남겼어요. 이 문장은 이후 많이 인용되었죠. "무해한 의견은 보호할 필요가 없다. 의견은 충격을 줄 수도 있어야 한다." 하지만 이런 멋진 문장에도 불구하고 재판소는 '작고 빨간 책'은 아동이 읽기에 부적합하다고 판단했고, 그 책은 아이들 손에 들어가지 않았어요.

그렇다면 리투아니아의 사안도 이와 비슷하게 판결해야 할까요? 하지만 리투아니아의 교과서 내용은 음란하거나 외설적이지 않았어요. 다만 남자가 여자를 사랑하고, 여자가 남자를 사랑할 수 있는 것처럼 남자가 남자를, 여자가 여자를 사랑할 수도 있으며, 이 모든 형태가 용인된다는 내용이었죠. 이런 내용을 아이들에게 알려주지 않는 편이 좋을까요?

유럽인권재판소의 재판관들은 한목소리로 말했습니다. "아니, 그렇지 않다! 아이들에게 있는 그대로의 삶을 알려줘도 괜찮다."

이런 점에서 재판관들의 의견이 일치했답니다.

　하지만 사랑이 아니라 혐오에 관한 내용이라면 어떨까요? '남자는 여자를 혐오하고, 여자는 남자를 혐오한다. 남자는 남자를 혐오하고, 여자는 여자를 혐오한다. 이 모든 것은 나쁜 일이다.' 그런 내용은 교과서에 실려 있지 않습니다. 다행히도요. 그런 내용을 담은 책은 금지하는 것이 좋을지도 몰라요. 하지만 그런 내용에 대해서는 아직 어느 재판소도 판결한 적이 없답니다. 

환경

8

보호

좋은 날씨에 대한 권리 같은 것은 없어요.
하지만 삶을 살아갈 권리, 즉 생존권은 있어요.
기온이 섭씨 50도 이상으로 올라가면 아무리 그늘에 있어도
생활하기가 쉽지 않아요.

악취와
소음

대도시에서는 웬만한 일에 익숙해집니다. 냄새와 소음에도요. 큰 길 옆에 살면 밤마다 오토바이가 부르릉거리는 소리 속에서 잠들고, 아침마다 화물차의 굉음을 들으며 깨어나죠. 하늘도 조용할 겨를이 없어요. 비행기들이 이른 아침부터 밤늦게까지 이착륙하고, 활주로에 내려앉기까지 긴 선회 비행을 합니다.

우리는 고요한 삶을 누릴 권리가 있을까요? 상쾌한 아침 공기를 맛보고 밤하늘의 별을 바라볼 권리는요?

스페인에 사는 그레고리아 로페스 오스트라는 로르카 시내에서 수백 미터 떨어진 자기 집 근처에 무허가 (가죽) 무두질 공장이 들어서자 상당히 괴로워하며 '사생활, 가정, 주거를 존중받을 권리'를 떠올렸어요. 공장에서 풍기는 악취가 너무 심하고 자극적이어서, 코와 입 안에 계속 맴돌고 피부 속까지 스며드는 느낌

이었죠. 그뿐 아니라 적갈색 폐수가 도시를 가로질러 흘러갔어요.

그레고리아는 몸이 안 좋아졌고, 많은 사람이 같은 상황이었어요. 주민들이 강력하게 항의해 공장의 한쪽은 가동을 중단했지만, 다른 쪽에서는 여전히 악취가 났어요.

그레고리아는 이런 상황을 방치하고 싶지 않았어요. 그래서 승산이 별로 없어 보였지만, 법원에 소송을 제기했죠. 하지만 1심 법원은 무두질 공장의 손을 들어주었어요. 그레고리아는 다시 상급 법원

에 항소했지만, 상급 법원 역시 같은 판단을 내렸죠.

그레고리아는 결국 스페인 헌법재판소까지 갔습니다. 하지만 그곳에서도 똑같은 대답이 돌아왔어요. 이사하면 되지 않느냐는 것이었죠! 그녀가 굳이 무두질 공장 옆에 살 필요는 물론, 가죽 산업으로 유명한 로르카 같은 도시에 살 필요도 없다는 것이었어요. 악취와 오염 없이는 돈을 벌 수 없으며, 원래 사람은 조금씩 몸이 아프다고, 아울러 지금 형편이 생명이 위험할 정도는 아닌 듯하다고 했어요. 당시에는 환경 의식이 높지 않았고, 법은 환경

문제에 목소리를 내지 않았습니다.

하지만 그레고리아는 포기하지 않았어요. 그녀는 이 사안을 유럽인권재판소로 가져갔어요. 그리고 인권재판소는 마침내 역사상 처음으로 악취를 인권 침해로 인정했습니다.

유럽인권재판소는 무두질 공장이 그레고리아에게 400만 페세타의 손해배상금을 지급하라고 판결했어요. 큰 금액처럼 들리지만, 실제로는 약 2만 5000유로(약 4300만 원이에요_옮긴이) 정도에 해당합니다.

하지만 그렇다고 환경 관련 소송을 제기하기가 더 쉬워진 것은 아니에요. 런던 히스로 공항 인근 주민들은 항공기 소음 문제로 소송을 제기했지만, 기각되었죠. 그 정도 소음은 참아야 한다는 판결이었어요!

재판관들은 사안마다 무엇이 용인될 수 있고, 무엇이 용인될 수 없는지 개별적으로 판단해야 합니다. 그 경계는 어디에 있을까요? 쓰레기 매립지, 소각 시설, 화학 공장, 고속도로와 같은 문명의 폐해들을 어떻게 다뤄야 할까요? 이런 시설들을 없애버릴 수는 없지만, 그럼에도 주민들은 '사생활과 가정, 주거를 존중받을 권리'를 가지고 있습니다.

나쁜 날씨와 불가항력

어떤 날씨를 좋은 날씨로 보는지는 사람마다 조금씩 달라요. 대부분의 사람은 하늘이 파랗게 맑고 햇살이 화창한 날을 좋아하죠. 반면 농부들은 특정한 시기에 며칠 동안 부슬비가 내리면 기뻐해요. 특히 봄에는요. 하지만 찌는 듯한 폭염이나 태풍, 홍수를 좋아하는 사람은 없어요. 모두가 그런 날씨를 두려워하죠. 재난을 원하는 사람은 아무도 없으니까요.

좋은 날씨에 대한 권리 같은 것은 없어요. 하지만 삶을 살아갈 권리, 즉 생존권은 있어요. 기온이 섭씨 50도 이상으로 올라가면 아무리 그늘에 있어도 생활하기가 쉽지 않아요. 그래서 지구를 보존해야 하고, 지구가 사람이 살지 못하는 곳이 되지 않게 기후변화를 막아야 한다는 것에 모두가 동의할 거예요.

땅이 점점 사막화되고, 빙하가 녹고, 섬이 가라앉는 현상은 참

생존권은 존재하지만,
그 누구도 이를 보장해줄 수
없습니다.

으로 위협적이에요. 따라서 돌아가는 거대한 바퀴에 제동을 걸어야 합니다.

포르투갈의 어린이와 청소년 여섯 명은 이 문제를 직접 해결하기로 했어요. 어른들이 회의하고 워크숍을 열고 강연회를 개최하고 협약을 맺어도 별로 진전이 없는 것 같았기 때문이죠. 어른들은 걱정만 하고, 실효성 없는 법률만 만들어내지 않나요? 이 청소년들은 어떻게 하면 되는지 자신들이 보여주려고 했어요.

여섯 명의 청소년은 고향에서 폭염과 산불을 겪으며 정말 겁이 났어요. 그래서 자신들의 미래를 위해 유럽인권재판소에 제소했어요. 그들은 유럽 32개국에 책임이 있다고 보았고, 인권재판소가 각국 정부에게, 기후 변화에 맞서 더 많은 조치를 하도록 명령해주기를 바랐어요.

하지만 재판관들은 이 소송을 기각했어요. 청소년들은 우선 조국인 포르투갈을 상대로 소송을 제기해야 한다는 것이었죠. 스트라스부르의 유럽인권재판소는 자국 법원의 문이 닫힌 다음에야 비로소 문이 열리는 곳이라면서 말이에요. 즉, 자국 법원들이 도움을 주지 못하거나 그럴 의사가 없을 때 유럽인권재판소에 제소하는 것이 절차라는 것이었어요. 기후 변화가 시급한 문제이긴 하지만, 인내심을 가지고 자국에서 노력해봐야 할 거라면서요.

70세 이상 스위스 여성으로 이루어진 기후 시니어들도 기후 변화로 자신들의 건강과 안녕이 위협받고 있다며 인권재판소에 제소한 일이 있었습니다. 이들은 청소년들과 달리 우선 자국 법원, 즉 스위스 연방대법원에 이 사안을 가져갔지만, 소송은 받아들여지지 않았어요.

그러나 스트라스부르의 유럽인권재판소는 이 기후 시니어들의 손을 들어주었어요. 21세기에는 기후 보호에 대한 권리가 존재해야 한다고 보았죠. 스위스 정부가 자연과 환경이 빠르게 변화하는 것에 충분한 기후 보호 조치를 하지 않았기 때문에 이 권리를 침해했다고 판단했어요. 그래서 스위스 정부가 누군가에게 손해배상을 해야 하는 건 아니지만, 상응하는 조치를 하라고 판결했죠.

하지만 무엇을 할 수 있을까요? 자동차 운행을 금지할 수 있을까요? 공장 문을 닫을 수 있을까요? 자연과 인간이 그냥 평화롭게 공존하던 옛날로 돌아갈 수 있을까요? 그 판결은 그저 경종이었을 뿐, 기후 변화를 멈출 수는 없을 듯합니다. 태풍은 더 늘어날 것이고, 바다와 공기는 깨끗해지지 않을 거예요. 생존권은 존재하지만, 그 누구도 이를 보장해줄 수 없습니다.

인권

9

철학

인간은 그물처럼 연결되어 있어요. 인간은 자유가
필요하지만, 그물이 없으면 무한히 자유로운 반면,
끝 모를 나락으로 추락할 수 있습니다.

나의 권리와
타인의 권리

'인권'이라는 개념이 제때 발견되었더라면, 철학자 소크라테스는 독배를 마실 필요가 없었을 것이고, 갈릴레오 갈릴레이는 지구가 태양 주위를 돈다는 깨달음을 강제로 철회하지 않아도 되었을 거예요. 두 사람은 의사 표현의 자유라는 권리를 누릴 수 있었을 겁니다. 예수 그리스도도 십자가에 못 박히지도 않았을 거고요. 그 대신 반란을 선동한 혐의로 공정한 재판을 받아 무죄 판결이나 장기 징역형을 선고받았겠죠.

가톨릭과 개신교도들도 몇십 년에 걸쳐 피비린내 나는 전쟁을 벌이지 않고, 느긋하게 "그래그래 누구나 자신의 종교적 신념에 따라 살아갈 권리가 있지"라고 말했을 거예요. 그래요, 일찌감치 인권을 의식했다면 역사는 달라졌을 거예요.

하지만 인권이 전 세계 모든 헌법에 반영된 후에도, 세상에는 모든 사람에게는 사상, 양심, 종교의 자유가 있습니다.
하지만 이런 자유가 모든 상황에서
제한 없이 적용될까요?

여전히 불의와 고통이 존재해요. 국가와 인간이 원래 마음먹었던 것을 지키지 않고, 약속과 정반대로 행동하는 경우가 많기 때문이죠. 무엇보다 인권에 관해서는 그것이 일반적으로 규정될 때만 의견 일치가 이루어지니까요.

"모든 인간은 사상, 양심, 종교의 자유를 가질 권리가 있다"라고들 하지요. 아주 당연한 말처럼 들리지만, 이런 권리가 모든 상황에서 제한 없이 적용될까요?

샘 고핀은 자신만의 종교를 만들었습니다. 인간은 벌거벗은 몸으로 태어났으니 벌거벗은 몸으로 살아가야 한다고 생각했죠. 그래서 다른 사람들이 기독교나 유대교, 이슬람교를 믿듯, 그는 나체 종교를 신봉했습니다. 그는 바지나 셔츠 입는 것을 굉장히 큰 죄로 여겨, 수염을 기르고 배낭을 멘 채, 알몸으로 영국을 떠돌아다녔습니다.

영국에서는 유머를 삶의 중요한 요소로 여겨요. 그래서 처음에는 사람들이 샘 고핀의 행동을 재미있게 생각했어요. 하지만 그가 마을에서 알몸으로 제과점에 드나들고 학교 앞을 지나가자, 사람들은 깜짝 놀랐고 아이들은 몸을 숨겼습니다. 사람들이 고핀에게 좋게 타이르며 다른 데로 가달라고 했지만, 그는 말을 듣지 않았습니다. 자신의 종교이므로 어쩔 수 없다는 것이었죠.

경찰과 법원은 그의 행동을 더는 참아주지 못했고, 처벌도 점점 엄해졌습니다. 처음에는 소액 벌금이었으나, 나중에는 고액 벌금이 부과되었지요. 하지만 소용없었어요. 샘 고핀은 법정에도 알몸으로 나타났어요. 급기야 그는 체포되었어요. 하지만 교도소에서도 죄수복 입는 걸 거부했고, 풀려나자마자 또다시 알몸으로 세상을 돌아다녔습니다.

샘 고핀은 종교의 자유를 내세우며 자신의 인권을 주장했지만, 아무도 그의 손을 들어주지 않았어요. 종교의 자유도 무제한적이지 않다는 판결이 나왔지요. 공공의 안전에 필요할 때나 공공질서, 건강, 도덕, 타인의 권리와 자유 보호에 필요할 때는 종교의 자유도 제한될 수 있다는 것이었습니다. 샘 고핀은 자기 마음대로 해서는 안 되었어요. 그에게만 인권이 있는 것이 아니라, 다른 사람들에게도 인권이 있으니까요. 👑

테러리스트에게도 정의가 필요하다?

중세 시대에 살인과 같은 중범죄를 저지른 사람은 동정이나 자비를 기대하기 어려웠어요. 단순한 교수형으로도 모자라, 바퀴로 사지를 부러뜨리거나 토막 내 죽이기도 했습니다. 그것도 이미 고문실에서 혹독한 고문을 가한 다음에 말이죠. 죽임을 당하지 않은 사람은 '영원히 저주'받은 존재가 되어, '멸시와 천대'를 받았어요. 더는 아무런 권리를 행사하지 못하고, 모든 사람에게 짓밟히는 신세가 되었죠.

하지만 오늘날에는 달라졌습니다. 테러리스트인 람지 모하메드와 야신 오마르는 고액의 보수를 주고 변호사를 선임했어요. 두 테러리스트는 런던 지하철에서 참혹한 테러를 자행한 직후, 대중교통에 폭탄을 설치하려다 발각되었죠. 그들이 또다시 테러를 일으키려 했다는 것은 분명했어요.

그들은 법정에서 징역형을 선고받았는데, 재판이 공정하지 않았다며 유럽인권재판소에 제소했습니다. 자신들의 권리에 대해 충분히 고지해주지 않았다는 것이었죠.

하지만 유럽인권재판소는 영국 당국이 적절하게 대응했다고 판결했어요. 추가적인 위험을 막으려면 그렇게 할 수밖에 없었다고 말입니다.

한편 람지 모하메드와 야신 오마르 근처에 있던 친구는 용의자가 아니라 증인으로만 심문받았어요. 그런데 그가 진술 과정에서 모순된 발언을 하는 바람에 경찰은 그 역시 테러 계획에 가담했음을 알게 되었죠. 하지만 경찰은 그가 진술로 인해 체포되어 감옥에 갈 수 있음을 미리 경고하지 않았어요. 유럽인권재판소는 이것을 경찰의 잘못이라고 판단했죠. 증언을 토대로 형사상 유죄 판결을 내리는 것은 공정한 재판을 받을 권리를 침해한다고 본 것입니다.

아네르스 브레이비크라는 또 다른 테러리스트는 노르웨이에서 77명의 젊은이를 사살해 온 나라를 공포의 도가니로 몰아넣었어요. 그는 법정에서 자신이 수감된 교도소의 형편이 비인간적이라고 불평했습니다. 인터넷 접속도 되지 않고, 누구와도 만날 수 없다는 것이었죠.

가혹한 것은 분명했어요. 그래서 노르웨이 법원들은 그의 주장을 일부 받아들여주었어요. 하지만 브레이비크는 이런 결정에도 만족하지 못하고, 인권 침해를 당했다며 유럽인권재판소에 추가 청원을 넣었습니다. 하지만 유럽인권재판소는 그에 대한 노르

웨이의 처우에서 어떤 비인간적 요소도 발견할 수 없었다며 그의 청원을 기각했어요.

에릭 알보레오라는 살인범은 오랫동안 유럽에서 최우선 수배 대상이었어요. 체포되어 수감된 뒤에도, 그의 친구들이 헬리콥터를 타고 교도소 옥상에 착륙해 그를 탈옥시켰지요. 하지만 몇 주 뒤 그는 다시 붙잡혔어요. 당국은 그를 떠돌이 수감자처럼, 이 감방 저 감방 옮겨 다니게 하여, 다른 수감자들로부터 격리하려 했어요.

이에 에릭 알보레오는 변호사를 선임해 유럽인권재판소에 청원해 자신의 권리를 관철하려 했어요. 하지만 이때도 재판관들은 그에게 엄격한 수감 조건을 적용하는 것이 정당하다고 보았어요. 국가 역시 자신을 방어할 수 있어야 한다는 것이었죠.

추방 절차가 진행될 때, 테러리스트는 자신이 보내질 나라에서 비인간적인 처우나 고문, 어쩌면 사형까지 당할 위험이 있다고 주장합니다. 그래서 지금 있는 나라에 계속 머물려고 하지요. 국적이 박탈되는 것도 한사코 원하지 않고요. 자신들이 테러를 일으켰던 사회에 여전히 속하고 싶어 하는 것처럼 보이기도 합니다.

이런 사람들은 법원을 바쁘게 만듭니다. 테러리스트들에게도 권리가 있다는 것은 아무도 부정하지 않을 거예요. 인간의 존엄성은 침해할 수 없으니까요.

그러나 정의가 한쪽으로만 치우치면 안 되므로, 정의를 찾는 일은 여전히 어렵습니다. 희생자들에겐 아무런 도움도 줄 수 없으니까요. 👑

권리와
의무

권리를 가진 사람은 요구할 수 있고, 요구할 수 있는 사람은 법정에 설 수 있습니다. 법원은 해당 조문들을 찾아보고, 과거 비슷한 판례들과 비교해 특정 상황에서 법을 어떻게 해석해야 할지 검토합니다. 권리가 있는 사람은 권리를 누릴 수 있지만, 늘 권리만 요구하는 사람은 자칫 외톨이가 될 수 있어요. 마땅히 보장해주어야 할 권리 외에 더는 조금도 주어지지 않을 수 있지요.

유엔UN이 〈세계인권선언〉을 한창 준비하던 1947년, 사람들이 마른 체구에 둥근 안경을 쓴 마하트마 간디에게 〈세계인권선언〉에 대해 어떻게 생각하는지 물었습니다. 간디는 영국의 식민 지배에 맞선 인도의 비폭력 독립운동을 주도했고, 당시 독립운동은 절정에 이르러 있었어요. 간디는 또한 인도에서 어떤 카스트에 속하든, 모든 사람이 동등한 대우를 받게 하는 데도 힘쓰고 있었지요. 그렇기에 대중은 간디가 인도의 지혜를 곁들인 아주 멋진 말로 인권의 필요성을 이야기할 거라고 기대했어요.

유엔 측에서는 간디의 대답이 좀 실망스러웠을지도 몰라요. 간디는 우선 자신이 학자가 아니라며 양해를 구한 뒤, 투쟁하느라 바빠서 책 읽을 시간이 없었다고 했지요. 그러면서 인권에 관한 질문을 받으니 무엇보다 자기 어머니가 생각난다고 대답했어요. 그의 어머니는 글을 읽을 줄도 쓸 줄도 모르지만 아주 지혜로운 여성이었다면서, 어머니에게는 의무가 따르지 않는 권리는 아무런 가치가 없었다고 했습니다. 먼저 다른 사람을 위해 뭔가 하려 들지 않는 사람은 아무것도 요구할 수 없다면서 말이에요.

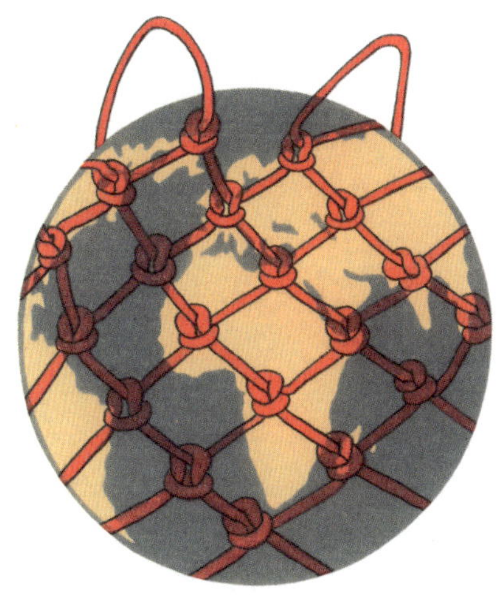

인간이라는 말을 한자로 보면 사람 인人 자에 사이 간間 자를 써요. 즉, 인간은 세상에 홀로 존재하지 않으며, 언제나 타인과의 관계 속에서 살아가는 존재라는 뜻이죠. 인간은 그물처럼 연결되어 있어요. 인간은 자유가 필요하지만, 그물이 없으면 무한히 자유로운 반면, 끝 모를 나락으로 추락할 수 있습니다.

인권은 사회라는 거대한 공사 현장을 떠받치는 비계(공사장 높은 곳에서 일할 때 작업자가 떨어지지 않게 받쳐주는 발판이에요_옮긴이)라고 할 수 있어요. 인권이 없으면 아무것도 되지 않아요. 인권은 아무도 추락하지 않게 해줘요. 하지만 비계만 가지고는 어떤 건물도 완성되지 않는답니다. 👑

인권의

별자리

인권은 억압받고 모욕당한 사람들의 권리입니다.

인권 이야기는 몇 세기에 걸쳐 기록되어왔지만,

아직 끝나지 않았어요.

자유롭고
평등하게?

"모든 인간은 태어나면서부터 자유롭고, 존엄과 권리에 있어 평등하다. 인간은 이성과 양심을 부여받았으며 형제애의 정신으로 서로를 대해야 한다." 인류가 이런 단순한 선언을 하기까지 정말 오랜 시간이 걸렸답니다.

제2차 세계대전이 한창이던 시기에 이미 모든 나라의 모든 사람이 궁핍과 박해에서 벗어나 자유롭게 살고 기본적인 권리를 인정받는, 정의롭고 평화로운 세계 질서가 필요하다는 생각이 싹텄습니다. 그리고 전쟁이 끝난 직후인 1945년, 이런 목적을 위해 가능한 한 모든 나라를 회원국으로 하는 새로운 조직이 설립되었어요. 바로 유엔입니다.

유엔에서는 곧바로 〈세계인권선언〉을 작성하기 시작했습니다. 애초에는 모든 나라가 인권 조약에 서명하고, 조약을 위반하면 유엔이 조치하도록 할 계획이었어요. 하지만 합의가 이루어지지 않아, 결국 선언만 했어요.

선언문을 완성하는 데 3년이 걸렸습니다. 뉴욕과 파리에서 회의가 열렸고, 매번 새로운 초안이 등장했죠. 의견이 엇갈릴 때마다 타협점을 찾으려 노력했어요. 그리고 최종 표결 순간, 대표단은 정말 숙연해졌어요. 인류 역사의 빛나는 순간이었죠. 하지만 일부는 찬성표를 던지지 않고 기권했습니다. 조금 다른 내용의 선언을 원했기 때문이죠. 실현되지 못한 바람도 많았어요. 하지만 어쨌든 대표단 중 마지막에 '반대'한 사람은 아무도 없었습니다.

물론 모든 나라가 의사 표명을 할 수는 없었어요. 1948년에도 아프리카와 아시아의 많은 나라가 식민 통치하에 있어 투표권을 가지지 못했죠. 전쟁에서 진 나라들 역시 배제되었어요. 그래서 당시 협상에 참여한 국가는 58개국이었어요. 오늘날 세계에는 195개국이 있습니다.

'자유'와 '존엄과 권리의 평등' 이야기는 멋졌지만, 처음에는 실현되지 않은 꿈에 불과했어요. 협상 테이블에 앉은 사람 모두 정말 그런 꿈을 꾸고 있는지도 확신할 수 없었죠.

협상회의 의장은 미국 전 대통령의 부인이었던 엘리너 루스벨트가 맡았어요. 남성들이 죽 둘러앉은 자리에서 엘리너 루스벨트

인간은 '자유로우며 존엄과 권리에서
평등하다'라는 말은 멋졌지만,
실현되지 않은 꿈에 불과했어요.

는 유일한 여성이었고, 미국 대표였죠.

당시 미국에서 흑인들은 버스 뒤쪽에 타는 게 당연시되었고, 앞자리는 백인들을 위해 비워두었어요. 같은 시기 스탈린 치하의 소련에서는 수십만 명이 강제 수용소에 갇혀 비참하게 목숨을 부지하고 있었고요. 자신이 왜 이런 벌을 받는지 모른 채 갇힌 사람도 있었죠.

남아프리카공화국에서는 유색인을 의도적으로 차별하는 아파르트헤이트가 실행되고 있었어요. 제2차 세계대전이 끝나고 한창 〈세계인권선언〉을 작성하던 그 시기에 수백만 명이 피란길에 올라 유럽을 이리저리 떠돌아다녔어요. 운 좋은 사람은 재산을 지닌 채, 불운한 사람은 아무것도 지니지 못한 채로요. 이런 사람들을 '실향민DP, Displaced Persons'이라고 불러요. 고향을 잃고 뿌리 뽑혀 어디에도 속하지 못하는 사람들을 의미하죠. 실향민들의 고통은 사람마다 달랐습니다.

토머스 버겐설도 실향민이었어요. 그는 아우슈비츠와 작센하우젠 강제 수용소에 갇혔다가 살아 돌아온, 몇 안 되는 유대인 아이 중 한 명이었습니다. 전쟁이 끝나고 열두 살 되던 해, 버겐설은 다시 괴팅겐으로 돌아왔어요. 어린 시절에는 수용소에서 오로지 살아남는 것에만 전전긍긍했기에, 그는 글을 읽지도 쓰지도 못하는 상태였죠. 아버지와 할머니, 할아버지는 학살당했고, 괴팅겐에서 어머니와 만난 뒤 다시 미국으로 이주했어요.

그리고 오랜 세월이 흐른 뒤, 토머스 버겐설은 국제재판소에서 인권 수호를 위해 힘쓰는 최초의 판사 가운데 한 사람이 되었어요. 그는 자신이 살아온 이야기를 담은 《행운아Ein Glücks-kind》라는 책을 출간하기도 했지요. 👑

빵 없는 자유는
원하지
않아

〈세계인권선언〉에는 생명권, 자유권, 종교의 자유, 교육받을 권리, 결혼할 권리 등 포괄적인 내용이 담겨 있었어요. 행복할 권리는 따로 언급되지 않았지만, 그 안에 다 포함된 셈이었죠. 〈세계인권선언〉을 여러 언어로 번역해 관공서에 걸어놓거나 아이들 손에 쥐여주고 외우라고 할 수도 있었을 거예요.

하지만 〈세계인권선언〉 내용이 너무나 포괄적이어서 좀 더 구체적인 선언의 필요성을 느낀 사람들이 생겼습니다. 우선 〈세계인권선언〉에서 무엇이 가장 중요한지를 두고 논쟁이 벌어졌죠. 어떤 사람은 건강권, 주거권, 사회보장권 같은 사회적 권리를 중요시했고, 어떤 사람은 자유권을 더 중시했어요. 의사를 자유롭게 표현할 권리, 집회에 자유롭게 참여할 권리, 직업을 자유롭게 선택할 권리 같은 것들 말이에요.

의견은 쉽사리 모이지 않았고, 사람들은 거의 20년에 걸쳐 동시에 두 개의 커다란 조약을 마련했어요. 급하게 서두를 필요는 없어 보였죠. 그리하여 마침내 1966년에 〈시민적·정치적 권리에 관한 국제규약〉과 〈경제적·사회적·문화적 권리에 관한 국제규약〉이 동시에 완성되었습니다. 이어 사람들은 이 두 가지 조약을 합쳐 하나로 만드는 것을 고민했어요. 일생을 남아프리카공화국에서 아파르트헤이트에 저항하고 자유를 위해 싸웠던 넬슨 만델라는 이렇게 말했어요. "우리는 빵 없는 자유를 원하지 않는다. 그러나 자유 없는 빵도 원하지 않는다!"

하지만 각국이 이 두 가지 국제인권규약을 구속력 있는 것으로 인정하기까지 다시 10년이 걸렸습니다. 어떤 나라들은 둘 중 하나만 인정했어요. 각자 자기 행복은 스스로 만들어야 한다는 믿음과 접시닦이도 백만장자가 될 수 있다는 신화가 완강한 미국에서는, 오늘날에도 사회적 권리나 복지국가 개념을 대수롭지 않게 여깁니다. 반면 중국에서는 자유를 위험하게 여기고, 서로 다른 의견을 보장하려고 하지 않지요. 그래서 〈시민적·정치적 권리에 관한 국제규약〉에는 중국의 서명이, 〈경제적·사회적·문화적 권리에 관한 국제규약〉에는 미국의 서명이 빠져 있답니다.

이 규약들은 '국제적'이라는 명칭을 달고 있지만, 세계 모든 나라에서 적용되는 것은 아니에요. 〈시민적·정치적 권리에 관한 국제규약〉은 전 세계 173개국에서, 〈경제적·사회적·문화적 권리에 관한 국제규약〉은 171개국에서 효력을 갖습니다. 80억 명 이상의 세계 인구 중에서 15억 명 이상이 아직도 정치적 권리를 보호받지 못하고 있어요.

그럼에도 또 다른 국제규약을 만들자는 의견에는 모두가 긍정적으로 생각했어요. 아동을 위한 특별규약을 만들지 못할 이유가 있겠어요? 여성을 위한 특별규약도, 장애인을 위한 특별규약도요. 피부색 때문에 차별받는 사람들을 위해서도 특별규약을 만드는 것이 좋지 않을까? 이주 노동자를 위해서도? 규약을 만드는 사람들은 계속해서 새로운 아이디어를 떠올렸어요.

하지만 권리를 명문화하는 것은 시작에 불과합니다. '권리를 갖는다'라는 말은 실효성이 있어야 해요. 권리가 종이에만 존재해서는 안 되니까요. 👑

각 대륙의
인권

누가 가장 먼저 인권을 문서화할 것인가, 누가 가장 멋진 언어로 가장 큰 설득력을 발휘할 것인가를 두고 경쟁 비슷한 것이 생겨났어요. 〈세계인권선언〉이 가장 유명하고 가장 널리 칭송받았지만, 〈미주인권선언〉이 간발의 차이로 먼저 나왔죠(정확한 명칭은 〈사람의 권리와 의무에 관한 미주선언American Declaration of the Rights and Duties of Man〉). 〈미주인권선언〉은 〈세계인권선언〉이 선포되기 7개월 8일 전인 1948년 5월 2일, 북아메리카와 남아메리카 국가들이 콜롬비아의 보고타에서 채택하고 선포했어요. 세계의 중심지에서 약간 떨어진 곳에서 선포되긴 했지만, 이 선언은 북아메리카와 남아메리카 21개 국가에서 구속력을 갖습니다.

유럽인들은 아메리카와 유엔에 이어 세 번째로 결승선에 도착했습니다. 유럽은 〈세계인권선언〉이 만들어지던 와중에 이미 인권에 관한 명문화 작업을 시작했지만, 세부 사항을 놓고 오래 씨름한 끝에 1950년 11월 4일에야 작업을 마쳤습니다. 유럽인들은 자신들이 "같은 정신에 고취되어" 있고 "정치적 전통과 이상, 자유에 대한 존중과 법치주의라는 공동의 유산"을 갖고 있다고 확신했어요. 그 밖에 종종 그렇듯, 다른 대륙 사람들보다 좀 더 잘하려는 마음이 있었고요. 그래서 '선언'으로 만족하지 않고, 구속력을 지닌 조약을 만들었습니다. 이것이 바로 〈유럽인권협약〉입니다.

나아가 권리가 잘 보장되는지 감독할 위원회와 재판소도 설립했어요. 이 재판소가 인권 경보장치 역할을 해주기를 소망하면서 말이에요. 제2차 세계대전 이전처럼 다시 한번 유럽 어느 나라가 독재나 불의한 체제로 돌아갈 위험이 있으면, 아주 크고 분명하게 경고음을 울리는 역할을 해주기를 바랐던 것입니다.

유럽인권재판소와 유럽인권위원회는 처음에 스트라스부르의 소박하고 눈에 잘 띄지 않는 건물에 자리 잡았어요. 하지만 그 뒤 거대한 대양 증기선 모양의 건물을 세웠죠. 유럽인권재판소 건물에는 조타실 모양의 구조물도 설치되어 있고, 긴 선체 모양의 건물에는 커다란 유리창이 있어 그 너머 안에서 벌어지는 일들을 볼 수 있어요. 어느 방향에서 보느냐에 따라 전혀 모양이 다르죠. 위나 정면에서 보면 커다란 접시저울의 두 접시처럼 보입니다. 지어진 지 수십 년이 지난 지금도 여전히 미래에서 툭 튀어나온 것처럼 보이죠. 유럽인권재판소는 꼭 한번 구경할 만한 건물이에요.

유럽이 이렇게 하자, 북아메리카와 남아메리카도 다시 자극을 받아 유럽처럼 하려고 했어요. 간단한 선언만으로 그치지 않고, 위원회와 재판소를 설립하려 했어요. 하지만 스트라스부르의 유럽인권재판소에 비하면 훨씬 작고 눈에 띄지 않았죠. 코스타리카의 수도 산호세에 있는 흰색 건물은 입구에 기둥 몇 개만 있을 뿐, 별다른 것이 없었어요. 의견이 순조롭게 모이지 않았어요. 미국과 캐나다는 인권에 관해 자신들이 더 잘 판단할 수 있으므로, 미주인권재판소의 도움이 필요 없다고 여겨, 결국 이 체제에서 이탈했습니다.

그러나 유럽도 절반의 성공이었어요. 동유럽에서는 장벽이 세워지고 빗장이 채워졌죠. 개인의 자유와 자기실현이라는 생각은 동유럽에서 표방하던 공산주의 사상에 맞지 않았어요. 공산주의 체제에서는 모두가 평등하고 사회적으로 보장받아야 했지요. 자유는 더 이상 필요 없는 것으로 여겨졌어요. 20세기 말, 독일이 재통일되고 동유럽 국가에서 공산주의 정권이 속속 무너지면서 러시아, 폴란드, 우크라이나 같은 나라도 유럽의 인권 보호 체계

안으로 들어왔습니다.

아프리카는 다른 지역에서 구축되는 것들을 지켜보고 있었어요. 그와 비슷한 것들을 원하긴 했지만, 똑같이 하고 싶지는 않았지요. 그래서 〈세계인권선언〉을 기초로 하되, 아프리카의 전통과 역사를 고려한 독자적인 개념을 발전시켰습니다. 개인의 권리뿐만 아니라, 수 세기 동안 차별받고 억압당한 민족들의 권리도 보호받게 말이에요. 그리하여 공동체도 권리를 갖고, 권리와 더불어 가족과 사회에 대한 의무도 함께 명시한 점이 새로웠지요. 위원회와 재판소도 두기로 한 아프리카 모델은 1986년에 완성되었어요. 하지만 첫 재판관들이 선출되기까지 다시 20년이 걸려, 2006년에야 비로소 제 모습을 갖추었답니다.

아랍 국가들 역시 자체 모델을 발전시켰어요. 아랍 국가들의 모델은 "태초부터 신이 만물의 영장으로 세운 인간이 존엄하다는 믿음과 아랍 지역이 여러 종교와 문명의 요람이라는 사실"에 바탕을 두었습니다. 〈인권헌장〉 머리말에 그렇게 밝히고 있지요. 재판소를 둘 계획도 있지만, 아직 실현되지 않았어요.

이렇게 해서 현재 아메리카, 유럽, 아프리카 대륙과 아랍 세계는 고유한 인권 체계를 갖추었어요. 반면 세계 인구의 다수를 차지하는 아시아, 그리고 오세아니아에는 인권에 관한 공동 합의가 존재하지 않습니다. 의견을 함께하기에는 인도, 중국, 일본, 베트남, 인도네시아 등 나라마다 원하는 것이 너무나 다르기 때문이에요. 중국에서는 개인의 권리에 커다란 중요성을 부여하지 않아요. 어디까지나 국가가 더 중요시되며, 국가가 국민을 감시하고 그들의 운명을 결정할 권한을 갖죠. 사형도 여전히 자주 집행되고요.

처음에는 "하나의 기준이 모두에게 맞을 것"이라는 기대가 있었어요. 사람이 동등하다면, 권리도 같지 않겠느냐는 생각이었죠. 하지만 그 뒤 각 대륙과 문화권은 나름의 인권 체계를 원했습니다. 👑

몇 세기에 걸친 인권 기록

크리스토퍼 콜럼버스는 대양을 횡단해 아메리카 대륙을 발견함으로써 새로운 지평을 열었어요. 토머스 에디슨은 전구를 발명해 촛불로 밝히던 어두운 방을 환하게 만들었죠. 닐 암스트롱은 최초로 달에 발을 디뎠고요.

인권과 관련해서는 크리스토퍼 콜럼버스나 토머스 에디슨, 닐 암스트롱 같은 사람이 없답니다. 인권의 개념을 '발견'하거나 '발명'한 사람은 없어요. 인권에 관한 생각은 몇 세기에 걸쳐 축적되고 발전해왔어요. 많은 사람이 인권에 관해 사유하고 고민했죠. 어떤 사람들은 생각을 글로 남겼고요. 그리고 어떤 사람들은 더 큰 영향력을 발휘해, 철학자 존 로크나 이마누엘 칸트처럼 권리에 대해 훌륭한 개념을 제시하기도 했답니다. 하지만 이 일은 마치 인터넷에서 일어나는 일과 흡사했어요. 즉, 수많은 개별적 생각이 모여 하나의 거대한 것이 탄생했죠.

키루스 실린더Cyrus Cylinder라 불리는 페르시아 제국의 유물이 전해지고 있어요. 기원전 549년에 만들어진 이 유물에는 노예들을 해방하고, 종교의 자유를 허락하며, 부족이나 민족이 다르고 모습이 서로 달라도 모두 평등하게 대우하기로 결정한 일이 쐐기문자로 적혀 있습니다.

성경에도 평등과 자유 이야기가 많이 나와요. 모든 사람은 신의 피조물이자 자녀이며, 선을 행할지 악을 행할지 스스로 선택할 수 있다고 합니다. 하지만 성경은 현세의 자유를 다룬 책이 아니라 믿음에 관한 책이며, 자유와 평등은 이 세상이 아닌 다른 세상을 위한 것으로 여겨집니다. 코란도 마찬가지이고요.

영국의 〈대헌장Magna Carta〉은 1215년 십자군 전쟁 시대에 만들어졌습니다. 그 당시 왕이 돈이 많이 들고 손실이 막심한 전쟁을 치르느라 높은 세금을 물리고 과도한 부담을 지우자, 불만에 차 있던 백성들이 봉기했어요. 그 결과 왕에게서 세금 감면 이상의 양보를 받아냈죠. 앞으로 법원의 판결 없이는 '어떤 자유인도 체포하거나, 구금하거나, 권리 또는 재산을 빼앗거나, 추방해서는 안 된다'는 내용이었어요.

이런 원칙은 800년이 지난 지금도 여전히 유효합니다. 누구도 자의적으로 자유를 박탈당해서는 안 된다는 생각은 영국뿐 아니라 다른 나라에서도 명문화되었죠.

그 뒤 수백 년 동안 대부분의 사람들은 인권에 큰 관심을 두지 않았어요. 그러다가 어느 순간 사람들이 다시 인권에 관해 생각하기 시작했어요. 자유와 행복을 이야기하는 글들이 나오기 시작했죠. 사람은 왜 더 나은 삶을 살 수 있는데도 나쁜 삶에 만족할까? 왜 자유로울 수 있는데 자신을 속박할까? 왜 사람들 사이에 불평등이 존재할까?

어떤 집안에서 태어났느냐에 따라 신분이 달라지고, 신과 교회, 왕의 그늘에서 이미 인생길이 정해져 있다시피 했던 17세기와 18세기에 "미성년 상태에서 벗어나라"는 외침은 가히 충격적이었어요. 철학자 이마누엘 칸트는 나아가 이런 미성년 상태를 자초했다고 말하기도 했죠. 그 뒤 혁명과 변혁이 따랐고, 국가와 사회가 새롭게 개편되었어요. 프랑스와 미국이 앞장서자, 다른 나라들도 머뭇거리며 천천히 그 뒤를 따랐죠. 자유와 평등이라는 사상은 더 이상 억누를 수 없는 것이 되었어요. 그리고 어디에나 존재하게 되었죠.

많은 헌법과 규약이 이런 계몽 시대의 위대한 사상에서 비롯되었어요. 하지만 이런 사상들이 대략이나마 현실에 적용되기까지 또다시 수십, 수백 년이 걸렸죠. 노예, 여성, 피부색이 검은 사람이 동등한 권리를 갖기까지 오랜 시간이 필요했고, 그 과정은 순탄치 않았어요.

오늘날에는 인권이 문서에 근사하게 기록되어 있어요. 하지만 동시에 인권은 살아 있는 주제입니다. 부당함을 겪은 사람들의 이야기가 전해지고, 자유를 억압하는 장면들이 전 세계로 퍼지기 때문이죠. 어떤 장면들은 특히 기억에 아로새겨집니다.

러시아 법정에서 키가 큰 변호사 알렉세이 나발니가 사로잡힌 야생동물처럼 쇠창살 안에 갇혀 있는 모습을 잊을 수 있을까요? 그가 푸틴 대통령을 중심으로 한 크렘린 권력층의 부패와 인맥을 폭로하는 영상을 공개해 수백만 명이 보았어요. 나발니는 더 나은 대통령이 되고 싶어 했죠.

유력한 기업인이자 경제계 인사였던 한스 마르틴 슐라이어가 테러리스트들에게 납치되어 목에 팻말을 걸고 있는 모습도 충격적이었어요. 팻말에는 그가 얼마 동안이나 테러 집단의 인질로 잡혀 있었는지 적혀 있었죠. 슐라이어의 가족들은 연방헌법재판소에 슐라이어의 생명권을 보호해달라고 호소했지만 받아들여지지 않았어요. 독일 정부가 더는 테러리스트들의 협박에 굴복하지 않겠다는 입장을 보였기 때문입니다.

하지만 인권 침해를 당한 희생자 중에서 사람들에게 이름이 기억되는 경우는 많지 않아요. 희생자들은 거의 이름 없이 고통당하는 대중이죠. 낡고 위태로운 배에 간신히 몸을 싣고 자신을 운명에 맡기는 난민들, 전쟁으로 폐허가 된 집 앞에 서 있는 사람들, 감옥에서 바퀴벌레와 함께 살아야 하는 수감자들 말입니다.

인권은 억압받고 모욕당한 사람들의 권리입니다. 인권 이야기는 몇 세기에 걸쳐 기록되어왔지만, 아직 끝나지 않았어요.

여성들이 걸어온 멀고 험한 길

인권의 역사에서 여성은 오랫동안 등장하지 않았습니다. 여성은 보호해야 하는 존재일 뿐, 어엿한 권리가 있는 주체로 여겨지지 않았죠. 그러나 올랭프 드 구주는 "아름다움만이 아니라, 무엇보다 어머니로서의 수고를 마다하지 않는 등 용기 면에서도 여성은 더 우월한 성이다"라고 말했어요. 올랭프는 남성뿐 아니라 여성도 태어나면서부터 자유로운 존재이며, 권리 행사에서 "남성의 전횡에 따른 한계"에 가로막혀서는 안 된다고 주장했죠.

올랭프 드 구주는 1748년 남프랑스의 시골에서 정육점 주인인 아버지와 세탁일을 하는 어머니 사이에서 태어났어요. 하지만 그녀의 출생을 둘러싼 비밀이 하나 있어요. 올랭프의 진짜 아버지는 귀족이라는, 즉 철학자 볼테르의 정치적 적수였던 한 후작이라는 소문이 있었죠. 올랭프는 열일곱 살에 자신의 의지에 반해, 한 여관 주인과 결혼했어요. 만약 남편이 일찍 세상을 뜨지 않았다면, 그녀는 평생 여관 안주인으로 살았을 거예요. 하지만 남편이 세상을 떠나자, 그녀는 어린 아들을 데리고 파리에 살던 자매 곁으로 옮겨갔어요. 당시 파리는 혁명의 열기로 들끓고 있었죠. 올랭프는 파리에서 책을 많이 읽고 글을 쓰기 시작하며, 여성의 목소리가 존중되지 않는 현실에 분개했어요. 프랑스 식민지의 노예들을 주인공으로 한 연극을 무대에 올리려다가, 한동안 음산한 바스티유 감옥에 수감되기도 했죠. 하지만 그녀는 굴하지 않았어요. 1789년 7월, 프랑스 혁명의 신호탄이 된 바스티유 감옥 습격 직후 마침내 그 연극을 상연할 수 있었죠.

혁명가들은 1789년 8월 〈인간과 시민의 권리선언〉을 발표했는데, 이 선언은 남성의 권리만 다루었어요. 그러자 올랭프는 1791년에 〈여성과 여성시민의 권리선언〉을 발표했죠. 올랭프는 이 선언 첫머리에 이렇게 적었어요. "이 혁명은 오직 모든 여성이 자신들의 비참한 운명과 사회 속에서 빼앗긴 권리를 자각할 때라야 비로소 효과를 발휘할 것이다." 남성들에 대한 그녀의 평가는 가혹했어요. "(남성들은) 정말 별나고 편협하며 학문적 허영심에 가득하고 타락한 존재로서, 이 계몽과 이성의 세기에조차 모든 지적 능력을 지닌 한 성性 위에 폭군처럼 군림하려 한다. 남성들은 혁명의 결실을 누리고 평등에 대한 자신의 권리를 요구하면서, 그 이상은 아무 말도 하지 않는다."

올랭프는 여성이 어떤 상황에서도 동등한 대우를 받아야 한다고 주장했어요. 〈여성과 여성시민의 권리선언〉 제10조에는 이렇게 씌어 있었어요. "여성은 단두대에 오를 권리가 있다. 그리고 그와 마찬가지로 연단에 설 권리도 있어야 한다."

그러나 불행하게도 단두대에 오르는 것이 바로 그녀의 운명이 되었죠. 1793년 막시밀리앙 드 로베스피에르의 공포정치하에서 올랭프는 단두대의 이슬로 사라졌어요. 그녀는 독재에 맞섰고, 여성의 권리를 옹호해 남성 혁명가들을 불편하게 만들었죠. 감옥에 갇혀서도 1789년에 도입된 표현의 자유가 자신과 다른 많은 사람에게 적용되지 않는다고 목소리를 높였습니다.

그녀가 세상을 떠난 뒤, 여성들이 다시금 공적으로 권리를 요구하기까지 100년도 더 걸렸어요. 이번에 권리 투쟁을 시작한 여성들은 자신을 서프러제트sufragette, 즉 여성 참정권 운동가라고 칭했죠. 그들은 남성처럼 여성도 투표권을 가져야 한다고 주장했어요. 여성 참정권 운동은 수많은 희생을 치렀습니다. 많은 사람이 저항하다가 투옥되었죠.

시간이 아주 오래 걸렸지만, 결국 여성들은 해냈어요. 하지만

여성의 권리!

참정권을 얻기까지 한 번의 세계대전을 겪어야 했죠. 남성들이 전쟁터로 나가자, 비로소 여성들은 자신들이 다양한 분야에서 얼마나 유능하게 일할 수 있는지 증명했어요. 그저 자수를 놓고, 피아노를 치고, 공장에서 단순 조립이나 하는 사람이 아니라는 것을 보여주었죠.

제1차 세계대전이 끝난 뒤 여성들은 드디어 참정권을 얻어냈어요. 물론 모든 나라에서 동시에 그렇게 된 것은 아니죠. 어쨌든 차츰차츰 여성에게도 참정권을 주었고, 유럽에서 마지막으로 스위스와 리히텐슈타인도 그렇게 했습니다. 👑

"허황된
주장이야"

영국의 철학자 제러미 벤담은 모든 인간이 평등해야 한다는 생각
을 '허황된 주장'이라고 생각했어요. 그는 자연권 같은 걸 주장해
봤자 별로 실효성이 없다고 보았죠. 기껏해야 이상에 지나지 않
을 뿐이라는 것이었어요. 그런 사상은 이기주의와 자기중심성만
부추길 따름이라고 했죠. 그는 인권에 관한 생각이 끊임없이 기
존 질서에 대항해 혁명을 조장하기 때문에, 인권이 자칫 위험해
질 수 있다고 했어요. 인권 이야기를 하는 것은 마치 할머니들에
게 날달걀을 먹으라고 가르치는 것과 같다고 비판했죠.

혁명가이자 철학자인 카를 마르크스도 '이른바 인권'이라는
것에 회의적인 태도를 보였어요. 그는 프랑스 혁명기에 나온 〈인
간과 시민의 권리선언〉에 명시한 것은 "인간과 공동체로부터 분
리된 이기적인 인간의 권리"일 따름이라고 비판했죠. 그리고 "자

유라는 인권을 실제로 적용하면 사유재산권을 인정해주어야 하지 않겠느냐"라며, 사유재산이야말로 소수의 기업가는 점점 부자가 되고 다수의 사람은 무자비하게 착취당하는 원인이라고 목소리를 높였습니다.

과거에만 인권에 관한 비판이 제기되었던 것은 아니에요. 중국 정부는 오늘날에도 인권을 유럽과 미국이 힘을 행사하고 자신들의 사회 모델을 다른 나라에 강요하기 위해 사용하는 정치적 수단으로 여길 따름이죠.

남반구 여러 지역에서도 인권을 가르치고 인권 보장을 권유하는 것을 식민주의 사상의 잔재이자 되풀이라고 여깁니다. 과거 식민지 시대에도 유럽인들은 아프리카, 남아메리카, 아시아 사람들이 뒤떨어진다고 여겨 자신들의 생각을 주입하려 했어요. 하지만 이제는 인권 없이도 스스로 올바른 길을 찾을 수 있죠.

인권과 관련해 또 다른 비판의 목소리도 큽니다. 무엇보다 지구 전체의 생명을 걱정하는 사람들은 지금까지 모든 것이 오직 인간 중심으로 돌아갔다고 비판합니다. 이런 인간 중심 사상이 성경의 창조 이야기에서부터 시작되었다고 보는 거죠. 성경을 보면 인간은 땅을 정복하고 모든 동식물, 나아가 자연 전체를 다스리도록 창조되었습니다. 그들은 인권 문제에도 이와 같은 사고방

식이 반영되어 있다고 봅니다. 인권은 인간 중심적이고 다른 생명체를 고려하지 않는다는 거죠.

이런 시각을 가진 사람들은 동식물, 강과 산, 호수와 빙하에도 동등한 권리를 부여해야 한다고 주장합니다. 실제로 오늘날 몇몇 나라에서는 자연의 법적 권리를 인정하고 있어요. 예를 들면 뉴질랜드에서는 2017년 왕거누이강에 강 최초로 법적 지위를 부여했어요. 이 과정에서 특히 뉴질랜드 원주민인 마오리족이 중요한 역할을 했죠. 다른 나라에서도 자연을 토대로 살아온 원주민들이 자연의 권리를 강하게 요구하고 있어요. 이렇게 인간 중심의 인권에 그치지 않고, 더 커다란 정의로 나아가려는 길은 계속 확장되고 있으며, 그 길은 새로운 놀라움으로 이어지고 있습니다. 👑

부록

세계인권선언

·

인물 소개

·

이 책에서 살펴본 사례 목록

세계인권선언

1948년 12월 10일 결의안 217 A (III)

전문

모든 인류 구성원의 천부의 존엄성과 동등하고 양도할 수 없는 권리를
인정하는 것이 세계의 자유, 정의 및 평화의 기초이며,

인권에 대한 무시와 경멸이 인류의 양심을 격분시키는 만행을 초래하였
으며, 인간이 언론과 신앙의 자유, 그리고 공포와 결핍으로부터의 자유
를 누릴 수 있는 세계의 도래가 모든 사람들의 지고한 열망으로서 천명
되어왔으며,

인간이 폭정과 억압에 대항하는 마지막 수단으로서 반란을 일으키도록
강요받지 않으려면, 법에 의한 통치에 의하여 인권이 보호되어야 하는
것이 필수적이며,

국가 간에 우호관계의 발전을 증진하는 것이 필수적이며,

국제연합의 모든 사람들은 그 헌장에서 기본적 인권, 인간의 존엄과 가
치, 그리고 남녀의 동등한 권리에 대한 신념을 재확인하였으며, 보다 폭
넓은 자유 속에서 사회적 진보와 보다 나은 생활수준을 증진하기로 다

짐하였고, 회원국들은 국제연합과 협력하여 인권과 기본적 자유의 보편적 존중과 준수를 증진할 것을 스스로 서약하였으며,

이러한 권리와 자유에 대한 공통의 이해가 이 서약의 완전한 이행을 위하여 가장 중요하므로,

이에,

국제연합총회는,

모든 개인과 사회 각 기관이 이 선언을 항상 유념하면서 학습 및 교육을 통하여 이러한 권리와 자유에 대한 존중을 증진하기 위하여 노력하며, 국내적 그리고 국제적인 점진적 조치를 통하여 회원국 국민들 자신과 그 관할 영토의 국민들 사이에서 이러한 권리와 자유가 보편적이고 효과적으로 인식되고 준수되도록 노력하도록 하기 위하여, 모든 사람과 국가가 성취하여야 할 공통의 기준으로서 이 세계인권선언을 선포한다.

제1조

모든 인간은 태어날 때부터 자유로우며 그 존엄과 권리에 있어 동등하다. 인간은 천부적으로 이성과 양심을 부여받았으며 서로 형제애의 정신으로 행동하여야 한다.

제2조

모든 사람은 인종, 피부색, 성, 언어, 종교, 정치적 또는 기타의 견해, 민족적 또는 사회적 출신, 재산, 출생 또는 기타의 신분과 같은 어떠한 종류의 차별이 없이, 이 선언에 규정된 모든 권리와 자유를 향유할 자격이 있다. 더 나아가 개인이 속한 국가 또는 영토가 독립국, 신탁통치지역, 비자치지역이거나 또는 주권에 대한 여타의 제약을 받느냐에 관계없이, 그

국가 또는 영토의 정치적, 법적 또는 국제적 지위에 근거하여 차별이 있어서는 아니된다.

제3조

모든 사람은 생명과 신체의 자유와 안전에 대한 권리를 가진다.

제4조

어느 누구도 노예상태 또는 예속상태에 놓여지지 아니한다. 모든 형태의 노예제도와 노예매매는 금지된다.

제5조

어느 누구도 고문, 또는 잔혹하거나 비인도적이거나 굴욕적인 처우 또는 형벌을 받지 아니한다.

제6조

모든 사람은 어디에서나 법 앞에 인간으로서 인정받을 권리를 가진다.

제7조

모든 사람은 법 앞에 평등하며 어떠한 차별도 없이 법의 동등한 보호를 받을 권리를 가진다. 모든 사람은 이 선언에 위반되는 어떠한 차별과 그러한 차별의 선동으로부터 동등한 보호를 받을 권리를 가진다.

제8조

모든 사람은 헌법 또는 법률이 부여한 기본적 권리를 침해하는 행위에 대하여 권한 있는 국내 법정에서 실효성 있는 구제를 받을 권리를 가진다.

제9조

어느 누구도 자의적으로 체포, 구금 또는 추방되지 아니한다.

제10조

모든 사람은 자신의 권리, 의무 그리고 자신에 대한 형사상 혐의에 대한 결정에 있어 독립적이며 공평한 법정에서 완전히 평등하게 공정하고 공개된 재판을 받을 권리를 가진다.

제11조

1. 모든 형사피의자는 자신의 변호에 필요한 모든 것이 보장된 공개 재판에서 법률에 따라 유죄로 입증될 때까지 무죄로 추정받을 권리를 가진다.
2. 어느 누구도 행위 시에 국내법 또는 국제법에 의하여 범죄를 구성하지 아니하는 작위 또는 부작위를 이유로 유죄로 되지 아니한다. 또한 범죄 행위 시에 적용될 수 있었던 형벌보다 무거운 형벌이 부과되지 아니한다.

제12조

어느 누구도 그의 사생활, 가정, 주거 또는 통신에 대하여 자의적인 간섭을 받거나 또는 그의 명예와 명성에 대한 비난을 받지 아니한다. 모든 사람은 이러한 간섭이나 비난에 대하여 법의 보호를 받을 권리를 가진다.

제13조

1. 모든 사람은 자국 내에서 이동 및 거주의 자유에 대한 권리를 가진다.

2. 모든 사람은 자국을 포함하여 어떠한 나라를 떠날 권리와 또한 자국으로 돌아올 권리를 가진다.

제14조

1. 모든 사람은 박해를 피하여 다른 나라에서 비호를 구하거나 비호를 받을 권리를 가진다.

2. 이러한 권리는 진실로 비정치적 범죄 또는 국제연합의 목적과 원칙에 위배되는 행위로 인하여 기소된 경우에는 주장될 수 없다.

제15조

1. 모든 사람은 국적을 가질 권리를 가진다.

2. 어느 누구도 자의적으로 자신의 국적을 박탈당하지 아니하며 자신의 국적을 변경할 권리가 부인되지 아니한다.

제16조

1. 성인 남녀는 인종, 국적 또는 종교에 따른 어떠한 제한도 없이 혼인하고 가정을 이룰 권리를 가진다. 그들은 혼인에 대하여, 혼인기간 중 그리고 혼인해소 시에 동등한 권리를 향유할 자격이 있다.

2. 혼인은 장래 배우자들의 자유롭고 완전한 동의하에서만 성립된다.

3. 가정은 사회의 자연적이고 기초적인 단위이며, 사회와 국가의 보호를 받을 권리가 있다.

제17조

   1. 모든 사람은 단독으로뿐만 아니라 다른 사람과 공동으로 재산을 소유할 권리를 가진다.

   2. 어느 누구도 자의적으로 자신의 재산을 박탈당하지 아니한다.

제18조

모든 사람은 사상, 양심 및 종교의 자유에 대한 권리를 가진다. 이러한 권리는 종교 또는 신념을 변경할 자유와, 단독으로 또는 다른 사람과 공동으로 그리고 공적으로 또는 사적으로 선교, 행사, 예배 및 의식에 의하여 자신의 종교나 신념을 표명하는 자유를 포함한다.

제19조

모든 사람은 의견의 자유와 표현의 자유에 대한 권리를 가진다. 이러한 권리는 간섭 없이 의견을 가질 자유와 국경에 관계없이 어떠한 매체를 통해서도 정보와 사상을 추구하고, 얻으며, 전달하는 자유를 포함한다.

제20조

   1. 모든 사람은 평화적인 집회 및 결사의 자유에 대한 권리를 가진다.

   2. 어느 누구도 어떤 결사에 참여하도록 강요받지 아니한다.

제21조

   1. 모든 사람은 직접 또는 자유로이 선출된 대표를 통하여 자국의 정부에 참여할 권리를 가진다.

   2. 모든 사람은 자국에서 동등한 공무담임권을 가진다.

3. 국민의 의사가 정부 권능의 기반이다. 이러한 의사는 보통·평등 선
   거권에 따라 비밀 또는 그에 상당한 자유투표 절차에 의한 정기적
   이고 진정한 선거에 의하여 표현된다.

제22조

모든 사람은 사회의 일원으로서 사회보장을 받을 권리를 가지며, 국가적
노력과 국제적 협력을 통하여, 그리고 각 국가의 조직과 자원에 따라서
자신의 존엄과 인격의 자유로운 발전에 불가결한 경제적·사회적 및 문
화적 권리들을 실현할 권리를 가진다.

제23조

1. 모든 사람은 일, 직업의 자유로운 선택, 정당하고 유리한 노동조건,
   그리고 실업에 대한 보호의 권리를 가진다.
2. 모든 사람은 아무런 차별 없이 동일한 노동에 대하여 동등한 보수
   를 받을 권리를 가진다.
3. 노동을 하는 모든 사람은 자신과 가족에게 인간의 존엄에 부합하는
   생존을 보장하며, 필요한 경우에 다른 사회보장 방법으로 보충되는
   정당하고 유리한 보수에 대한 권리를 가진다.
4. 모든 사람은 자신의 이익을 보호하기 위하여 노동조합을 결성하고,
   가입할 권리를 가진다.

제24조

모든 사람은 노동시간의 합리적 제한과 정기적인 유급휴가를 포함하여
휴식과 여가의 권리를 가진다.

제25조

1. 모든 사람은 의식주, 의료 및 필요한 사회복지를 포함하여 자신과 가족의 건강과 안녕에 적합한 생활수준을 누릴 권리와, 실업, 질병, 장애, 배우자 사망, 노령 또는 기타 불가항력의 상황으로 인한 생계 결핍의 경우에 보장을 받을 권리를 가진다.
2. 어머니와 아동은 특별한 보호와 지원을 받을 권리를 가진다. 모든 아동은 적서에 관계없이 동일한 사회적 보호를 누린다.

제26조

1. 모든 사람은 교육을 받을 권리를 가진다. 교육은 최소한 초등 및 기초단계에서는 무상이어야 한다. 초등교육은 의무적이어야 한다. 기술 및 직업교육은 일반적으로 접근이 가능하여야 하며, 고등교육은 모든 사람에게 실력에 근거하여 동등하게 접근 가능하여야 한다.
2. 교육은 인격의 완전한 발전과 인권과 기본적 자유에 대한 존중의 강화를 목표로 한다. 교육은 모든 국가, 인종 또는 종교 집단 간에 이해, 관용 및 우의를 증진하며, 평화의 유지를 위한 국제연합의 활동을 촉진하여야 한다.
3. 부모는 자녀에게 제공되는 교육의 종류를 선택할 우선권을 가진다.

제27조

1. 모든 사람은 공동체의 문화생활에 자유롭게 참여하며 예술을 향유하고 과학의 발전과 그 혜택을 공유할 권리를 가진다.
2. 모든 사람은 자신이 창작한 과학적·문학적 또는 예술적 산물로부터 발생하는 정신적·물질적 이익을 보호받을 권리를 가진다.

제28조

모든 사람은 이 선언에 규정된 권리와 자유가 완전히 실현될 수 있도록 사회적·국제적 질서에 대한 권리를 가진다.

제29조

1. 모든 사람은 그 안에서만 자신의 인격이 자유롭고 완전하게 발전할 수 있는 공동체에 대하여 의무를 가진다.
2. 모든 사람은 자신의 권리와 자유를 행사함에 있어, 다른 사람의 권리와 자유를 당연히 인정하고 존중하도록 하기 위한 목적과, 민주 사회의 도덕, 공공질서 및 일반적 복리에 대한 정당한 필요에 부응하기 위한 목적을 위해서만 법에 따라 정해진 제한을 받는다.
3. 이러한 권리와 자유는 어떠한 경우에도 국제연합의 목적과 원칙에 위배되어 행사되어서는 아니된다.

제30조

이 선언의 어떠한 규정도 어떤 국가, 집단 또는 개인에게 이 선언에 규정된 어떠한 권리와 자유를 파괴하기 위한 활동에 가담하거나 또는 행위를 할 수 있는 권리가 있는 것으로 해석되어서는 아니된다.

인물 소개

갈릴레오 갈릴레이(1564–1642)는 이탈리아의 철학자이자 과학자예요. 물리학, 천체물리학, 수학, 천문학 분야에서 획기적인 발견을 하여 근대 자연과학의 토대를 마련했지요. 하지만 그의 이론이 성경의 가르침과 양립할 수 없다는 이유로 가톨릭교회로부터 유죄 판결을 받았습니다.

넬슨 만델라(1918–2013)는 남아프리카공화국의 정치인이자 인권운동가예요. 아파르트헤이트(인종차별 정책)에 맞서 싸우다가 28년간 옥살이를 했고, 아파르트헤이트가 폐지된 뒤 화해와 평화를 이끈 공로로 노벨 평화상을 받았어요. 1994년부터 1999년까지 남아프리카공화국 대통령을 지냈습니다.

마리 앙투아네트(1755–1793)는 프랑스 왕 루이 16세의 왕비예요. 루이 16세와 마찬가지로 프랑스 혁명 때 단두대에서 생을 마감했습니다.

마하트마 간디(1869–1948)는 인도의 변호사이자 사상가, 정치인이에요. 영국의 식민 지배에 맞서 단식과 시민 불복종 같은 비폭력 저항으로 인도의 평화적 독립을 이끌었습니다.

막시밀리앙 드 로베스피에르(1758 – 1794)는 프랑스의 변호사이자 혁명가예요. 프랑스 혁명기에 수많은 사람을 처형하며 공포정치를 했지만, 결국 그 자신도 단두대의 이슬로 사라졌습니다.

블라디미르 푸틴(1952-)은 2000년부터(2008-2012년 제외) 러시아의 대통령으로 재임하고 있어요. 재임 중에 정치 체제를 독재 체제로 바꾸었죠. 특히 러시아의 우크라이나 침공 이후에는 서유럽 및 미국과 첨예하게 대립하고 있습니다.

소크라테스(기원전 469 – 기원전 399)는 고대 그리스의 철학자예요. 소크라테스 사상은 제자 플라톤이 기록해 서양 철학의 기초가 되었어요. 소크라테스는 청년들을 타락시켰다는 혐의와 신들을 부정했다는 이유로 사형 선고를 받고 독배를 마셨습니다.

알렉세이 나발니(1976 – 2024)는 러시아의 법률가이자 정치인이에요. 블라디미르 푸틴 대통령을 강하게 비판했어요. 독극물 공격을 받았으나, 독일에서 치료받고 회복해 러시아로 돌아갔어요. 하지만 귀국하자마자 체포되어 중형을 선고받고, 시베리아의 교도소에서 옥살이하다가 사망했습니다.

엘리너 루스벨트(1884 – 1962)는 미국 대통령 프랭클린 D. 루스벨트의 부인이에요, 남편이 사망한 뒤 해리 S. 트루먼 대통령이 창설한 유엔 인권위원회의 미국 대표로 임명되었지요. 인권위원회 위원장으로서 〈세계 인권선언〉 초안을 마련하는 데 결정적 역할을 했습니다.

올램프 드 구주(1748–1793)는 프랑스의 여성 인권 운동가이자 작가예요. 1789년 선포된 〈프랑스인권선언〉에 맞서 1791년에 〈여성과 여성시민의 권리선언〉을 발표했어요. 하지만 결국 사형 선고를 받고 단두대에서 처형되었습니다.

이마누엘 칸트(1724–1804)는 계몽주의 시대 독일의 철학자예요. 《순수이성비판》 《실천이성비판》 《영구평화론》 등의 저작으로 철학과 정치사상에 지대한 영향을 끼쳤어요. 칸트 철학은 오늘날까지도 중요성을 잃지 않고 있습니다.

이오시프 스탈린(1878–1953)은 조지아 출신의 공산주의 혁명가예요. 레닌이 사망한 뒤 소련의 권력을 잡았고, 제2차 세계대전 전후로 독재체제를 구축했어요. 스탈린의 통치하에서 수백만 명이 강제 수용소에 갇히거나 학살되었습니다.

제러미 벤담(1748–1832)은 영국의 법학자이자 철학자, 사회개혁가예요. 현대 복지국가 사상의 선구자로 여겨지며, 사형 폐지와 여성 참정권, 모든 성적 지향에 대한 관용을 주장했어요. 그리고 〈프랑스인권선언〉을 강하게 비판했습니다.

존 로크(1632–1704)는 영국의 철학자이자 계몽주의의 선구자예요. 그가 《통치론》에서 언급한 내용들은 미국과 프랑스 헌법에 그대로 반영되었으며, 세계 헌정사에 큰 영향을 끼쳤습니다.

카를 마르크스(1818 - 1883)는 독일의 철학자이자 사회 혁명가예요. 그가 발표한 〈공산당 선언〉(프리드리히 엥겔스와 함께 작성)과 《자본론》은 전 세계 혁명 운동에 커다란 영향을 끼쳤으며, 20세기에는 소련과 중국 등 공산주의 국가들의 사상적 토대가 되었습니다.

크리스토퍼 콜럼버스(1451 - 1506)는 항해가이자 정복자예요. 인도로 가는 서쪽 항로 개척에 나섰다가 1492년 바하마 제도에 도착해, 유럽인 최초로 아메리카 대륙을 발견했습니다.

토머스 버겐설(1934 - 2023)은 아우슈비츠 강제 수용소에서 살아남은 몇 명 안 되는 아이 가운데 한 사람이에요. 전쟁이 끝난 뒤 미국으로 이주해 법학을 공부했으며, 이후 미주인권재판소와 국제사법재판소의 재판관으로 일했습니다.

토머스 에디슨(1847 - 1931)은 미국의 발명가이자 사업가예요. 전구를 발명한 사람으로 명성이 높습니다.

한나 아렌트(1906 - 1975)는 독일의 작가이자 철학자예요. 유대인이라는 이유로 독일에서 시민권을 박탈당해 미국으로 이주했어요. 대표적인 저작으로 《예루살렘의 아이히만 ― 악의 평범성에 대한 보고서》와 《전체주의의 기원》 등이 있습니다.

한스 마르틴 슐라이어(1915 – 1977)는 나치 시대 나치 친위대(SS)의 하급 장교예요. 제2차 세계대전이 끝난 뒤에는 경영인이 되어, 서독 경제인연합회 회장을 지냈지요. 이른바 '독일의 가을' 당시 테러 단체인 적군파에 납치당해 살해되었습니다.

이 책에서 살펴본 사례 목록

이 책에서 살펴본 사례 목록(ECtHR/HUDOC 표제 기준)

사례를 자유롭게 재서술하는 과정에서, 인터넷에 공개된 판결문으로 확인 가능한 경우가 아니면 인물 이름을 바꾸었습니다.

ECtHR = European Court of Human Rights(유럽인권재판소의 약칭. 독일어 약칭은 EGMR)

[GC] = Grand Chamber(대법정)

※ ECtHR 사건명(영문)은 HUDOC 표제(사건번호 기준)를 확인해 통일했습니다.

1. 인간의 존엄성

'난쟁이 멀리 던지기' 놀이: French Council of State(Conseil d'État), Decision of 27 October 1995, No. 136727 (Recueil Lebon); UN Human Rights Committee, Views, Communication No. 854/1999 (Wackenheim v. France), 26 July 2002 (para. 207)

체벌에 대하여: ECtHR, *Tyrer v. the United Kingdom*, Judgment of 25 April 1978, App. No. 5856/72; ECtHR, *Bouyid v. Belgium* [GC], Judgment of 28 September 2015, App. No. 23380/09

개미와 바퀴벌레: ECtHR, *Kalashnikov v. Russia*, Judgment of 15 July 2002, App. No. 47095/99

인생에도 조커 카드가 있다: ECtHR, *H.F. and Others v. France* [GC], Judgment of 14 September 2022, Apps Nos. 24384/19 and 44234/20

2. 생명에 관한 권리

하늘에서 불이 떨어지다: ECtHR, *Isayeva, Yusupova and Bazayeva v. Russia*, Judgment of 24 February 2005, Apps Nos. 57947/00, 57948/00 and 57949/00

살아 있으나 죽은 사람: ECtHR, *Lambert and Others v. France* [GC], Judgment of 5 June 2015, App. No. 46043/14; ECtHR, *Pretty v. the United Kingdom*, Judgment of 29 April 2002, App. No. 2346/02

희망을 찾아 철조망을 넘는 사람들: ECtHR, *N.D. and N.T. v. Spain* [GC], Judgment of 13 February 2020, Apps Nos. 8675/15 and 8697/15

큰 사람과 작은 사람: ECtHR, *Navalnyy and Yashin v. Russia*, Judgment of 4 December 2014, App. No. 76204/11; ECtHR, *Navalnyy and Ofitserov v. Russia*, Judgment of 23 February 2016, Apps Nos. 46632/13 and 28671/14; ECtHR, *Navalnyy v. Russia*, Judgment of 2 February 2017, App. No. 29580/12 and others; ECtHR, *Navalnyye v. Russia*, Judgment of 17 October 2017, App.

No. 101/15; ECtHR, *Navalnyy v. Russia* [GC], Judgment of 15 November 2018, App. No. 29580/12 and four others; ECtHR, *Navalnyy v. Russia* (No. 2), Judgment of 9 April 2019, App. No. 43734/14; ECtHR, *Navalnyy and Gunko v. Russia*, Judgment of 10 November 2020, App. No. 75186/12; ECtHR, *Navalnyy v. Russia* (no. 3), Judgment of 6 June 2023, App. No. 36418/20

3. 종교의 자유

얼굴을 가린 여성들: ECtHR, *S.A.S. v. France* [GC], Judgment of 1 July 2014, App. No. 43835/11; Berlin Regional Court(Landgericht Berlin), Decision of 14 September 2022, Case No. 26 O 80/22
누가 스파게티 괴물을 믿을까?: Potsdam Administrative Court(Verwaltungsgericht Potsdam), Judgment of 13 November 2015, Case No. 8 K 4253/13; Federal Constitutional Court of Germany(Bundesverfassungsgericht), Order refusing to admit the constitutional complaint, 11 October 2018, Case No. 1 BvR 1984/17
거룩한 책들: UN Human Rights Council, Resolution 53/1 of 12 July 2023, "Combating religious hatred that constitutes incitement to discrimination, hostility or violence"

4. 표현의 자유

전쟁 기념비 위에서 스크램블드에그를 만들다: ECtHR, *Sinkova v. Ukraine*, Judgment of 27 February 2018, App. No. 39496/11
광란의 가수들: ECtHR, *Mariya Alekhina and Others v. Russia*,

Judgment of 17 July 2018, App. No. 38004/12

진실을 알 권리: ECtHR, *Janowiec and Others v. Russia* [GC],
Judgment of 21 October 2013, Apps Nos. 55508/07 and 29520/09

용기 있는 배신: ECtHR, *Heinisch v. Germany*, Judgment of 21 July
2011, App. No. 28274/08

5. 차별 금지

피부색이 어두운 사람과 밝은 사람: ECtHR, *Basu v. Germany*,
Judgment of 18 October 2022, App. No. 215/19

너무 빨리 달리는 여자 육상 선수: ECtHR, *Semenya v. Switzerland*,
Judgment of 11 July 2023, App. No. 10934/21

6. 가정과 사생활 보호

잘못된 아이: ECtHR, *Paradiso and Campanelli v. Italy* [GC],
Judgment of 24 January 2017, App. No. 25358/12

인권 보호의 한계: ECtHR, *B.B. and F.B. v. Germany*, Judgment of 14
March 2013, Apps Nos. 18734/09 and 9424/11

어느 공주의 고민: ECtHR, *von Hannover v. Germany*, Judgment of 24
June 2004, App. No. 59320/00; ECtHR, *von Hannover v. Germany*
(No. 2) [GC], Judgment of 7 February 2012, Apps Nos. 40660/08 and
60641/08; ECtHR, *von Hannover v. Germany* (No. 3), Judgment of
19 September 2013, App. No. 8772/10

7. 교육받을 권리

탈레스의 정리: Federal Constitutional Court of
Germany(Bundesverfassungsgericht), Order of 19 November 2021, Case
No. 1 BvR 971/21
사랑에 관한 교육: ECtHR, *Handyside v. the United Kingdom*,
Judgment of 7 December 1976, App. No. 5493/72; ECtHR, *Macaté v.
Lithuania* [GC], Judgment of 23 January 2023, App. No. 61435/19

8. 환경 보호

악취와 소음: ECtHR, *López Ostra v. Spain*, Judgment of 9 December
1994, App. No. 16798/90; ECtHR, *Hatton and Others v. the United
Kingdom* [GC], Judgment of 8 July 2003, App. No. 36022/97
나쁜 날씨와 불가항력: ECtHR, *Duarte Agostinho and Others v.
Portugal and 32 Others* [GC], Decision of 9 April 2024, App. No.
39371/20; ECtHR, *Verein KlimaSeniorinnen Schweiz and Others v.
Switzerland* [GC], Judgment of 9 April 2024, App. No. 53600/20

9. 인권 철학

나의 권리와 타인의 권리: ECtHR, *Gough v. the United Kingdom*,
Judgment of 28 October 2014, App. No. 49327/11
테러리스트에게도 정의가 필요하다?: ECtHR, *Ibrahim and Others v.
the United Kingdom* [GC], Judgment of 13 September 2016, Apps
Nos. 50541/08, 50571/08, 50573/08 and 40351/09; ECtHR, *Hansen
v. Norway*, Decision of 29 May 2018, App. No. 48852/17; ECtHR,
Alboreo v. France, Judgment of 20 October 2011, App. No. 51019/08

10. 인권의 역사

몇 세기에 걸친 인권 기록: Federal Constitutional Court of Germany(Bundesverfassungsgericht), Judgment of 16 October 1977, Case No. 1 BvQ 5/77